"五好"文明家庭根植于家庭，辐射在社会，弘扬传统美德，倡导社会新风。

"五好"文明家庭
创建指南

创建文明家庭

以德治家，文明立家，知识兴家，勤劳富家，
平安保家，节约持家，和谐兴家，让家成为春光荡漾、情意绵绵、
和谐温馨的港湾，让"五好"文明家庭之花绚丽绽放！

张丽娟　陈建林◎编著

中国言实出版社

图书在版编目(CIP)数据

"五好"文明家庭创建指南/张丽娟,陈建林编著.
—北京:中国言实出版社,2012.1
ISBN 978-7-80250-709-8

Ⅰ.①五…
Ⅱ.①张… ②陈…
Ⅲ.①家庭—精神文明建设—中国—指南
Ⅳ.①D649-62

中国版本图书馆 CIP 数据核字(2011)第 266796 号

出版发行	中国言实出版社	
	地　址:北京市朝阳区北苑路 180 号加利大厦 5 号楼 105 室	
	邮　编:100101	
	电　话:64924716(发行部)　64924735(邮　购)	
	64924880(总编室)　64914138(四编部)	
	网　址:www.zgyscbs.cn	
	E-mail:zgyscbs@263.net	
经　　销	新华书店	
印　　刷	北京毅峰迅捷印刷有限公司	
版　　次	2012 年 3 月第 1 版　2012 年 3 月第 1 次印刷	
规　　格	710 毫米×1000 毫米　1/16　13.5 印张	
字　　数	165 千字	
定　　价	32.00 元　ISBN 978-7-80250-709-8/D・386	

前言

　　"五好文明家庭"活动是在全国所有家庭中开展的以"爱国守法,热心公益好;学习进取,爱岗敬业好;男女平等,尊老爱幼好;移风易俗,少生优育好;勤俭持家,保护环境好"为内容的家庭文明创建活动。家庭是社会的细胞,家庭的安宁与和谐,有利于形成安定团结的社会局面。"五好文明家庭"创建活动是妇联组织加强家庭美德建设的重要载体,是以家庭细胞的优化促进社会和谐发展的重要途径。

　　构建家庭成员之间、家庭与社会之间、家庭与自然相互文明和谐的新型文明家庭模式,大力开展"五好文明家庭"创建活动是新时代的要求。五好家庭活动起源于20世纪50年代,是全国妇联上下联动的一项家庭建设工作。改革开放的1989年,全国妇联重新提出在全国开展"五好家庭"活动,得到了社会的广泛关注,千千万万家庭的热情参与,并受到党和政府的充分肯定。党的十四届六中全会《决议》明确提出,社会主义道德建设要"开展社会公德、职业道德、家庭美德教育"。在党的历史上第一次把家庭美德建设作为精神文明建设的重要任务之一写进党的决议。1996年,全国妇联为推动和进一步完善"五好文明家庭"创建活动,成立了全国"五好文明家庭"创建活动协调小组,由中宣部、全国妇联等18个部委组成。全国各省、自治区、直辖市都相继成立了协调小组。2001年9月,中共中央颁发《公民道德建设实施纲要》,进一步突出了家庭文明建设在公民道德建设中的地位,充分体现了党中央对家庭道德建设的高度肯定,高度重视,为"五好文明家庭"创建活动指明了方向。"五好文明家庭"创建活动对于提高家庭成员素质、提高家庭文明程度发挥了积极作用,也促进了文明城市、文明城镇和文明行业的创建。

　　家庭是组成社会的细胞,如果一个国家的大多数家庭不和睦,那么,这个国家自然也说不上安定、团结、兴国安邦。在"五好文明家庭"创建活动中,要把维护家庭稳定作为推动社会稳定的一项重要任务来抓,使每个家庭成员自觉树立维护社会主义稳定意识,正确处理好社会、家庭、个人之间的关系,增强维护安定团结的自觉性。做好“五好文明家庭”创建工作,妇联组织责任重大,使命光荣。

“五好文明家庭”创建活动是构建和谐社会的迫切需要。没有和谐文明的家庭,社会和谐就会失去基础,就很难做到全面、协调、可持续。在今天建设和谐社会的热潮中,“五好文明家庭”更有着重要的现实意义。我们要从构建和谐社会、促进人的全面发展、实现人的幸福生活的高度来认识和把握文明家庭建设工作,要通过创建活动来努力提高家庭的文明程度和幸福指数,引领家庭创造更加和谐美好的生活。

为了进一步做好此项工作,提高和谐家庭的文明素质,促进家庭文明建设,本书对“五好文明家庭”进行了深度解读,通过一个又一个生动真实的故事和案例,阐述了“五好文明家庭”创建意义和作用。以及创建“五好文明家庭”的重要意义和途径,希望对广大读者有所启发和借鉴。

目　录

Contents

第一章　充分认识"五好文明家庭"的意义,创建新时期"五好文明家庭"

　　家庭是社会的细胞,家庭的文明程度是社会文明程度的重要标志。2001年9月,中共中央颁发《公民道德建设实施纲要》,进一步突出了家庭文明建设在公民道德建设中的地位,充分体现了党中央对家庭道德建设的高度肯定,高度重视,为"五好文明家庭"创建活动指明了方向。在当今社会主义建设新的历史时期,家庭美德依然是保障家庭美满的思想和认识基础,是社会主义精神文明建设不可或缺的重要内容。在今天建设和谐社会的热潮中,"五好文明家庭"有着重要的现实意义。

第二章　"五好文明家庭"之"爱国守法,热心公益好"

　　构建和谐社会与"五好文明家庭"要从提高人们的法律意识着手。和谐社会的实质是以提高公民法律意识的法治社会。和谐社会的构建离不开和谐家庭的建设,而和谐家庭的建设又依赖家庭成员法律意识的提高。胡锦涛总书记曾经强调指出:"要加强法制宣传教育,传播法律知识,弘扬法治精神,增强全社会的法律意识,形成法律面前人人平等、人人自觉守法用法的社会氛围。”因此,无论是构建和谐社会还是促进和谐家庭都有必须要从提高人们的法律意识着手,从而推动全社会自觉学法、知法、守法、用法,促进和谐家庭与和谐社会的建设。

第三章 “五好文明家庭”之“学习进取,爱岗敬业好”

爱岗敬业是家庭幸福的基础,是家庭生活的主要经济来源。任何一个追求幸福和谐的员工都要爱岗敬业才能做好工作。爱岗敬业是一种不朽的精神,它需要我们大家用实际行动来共同弘扬!爱岗敬业是我们做好工作的立足点和基本点。爱岗敬业不是一句口号,更不是一句空话,它是需要我们每个人用行动去践行的职业操守。爱岗敬业体现在我们每一个平凡的工作日,体现在每一个普通的岗位上。

第四章　"五好文明家庭"之"男女平等，尊老爱幼好"

　　家是我们永恒的温暖的避风港！对于每一个人来说，家是出发的起点，也是最后的归宿。家庭是组成社会的细胞，如果一个国家的大多数家庭不和睦，那么，这个国家自然也说不上安定、团结、兴国安邦。在"五好文明家庭"创建活动中，要把维护家庭稳定作为推动社会稳定的一项重要任务来抓，使每个家庭成员自觉树立维护社会主义稳定意识，正确处理好社会、家庭、个人之间的关系，增强维护安定团结的自觉性。作为每一个家庭成员，都要心胸开阔，不去计较小事，相互关心，体谅对方，这样家庭才会和和美美。

第五章　"五好文明家庭"之"移风易俗，少生优育好"

　　新时代，新风尚。创建文明家庭要在全社会形成崇尚文明新风、破除陈规陋习、展示美好形象、建设美好家园的氛围；要使每个家庭更好地了解计生政策、优生优育、避孕节育等有关知识，切身感受到计划生育工作的重要性和迫切性。提高出生人口素质，事关千家万户幸福，事关国家和民族未来，对促进人口大国向人力资源国转变具有重要的战略和现实意义。因此移风易俗，少生优育是创建"五好文明家庭"的重要一环。

第六章 "五好文明家庭"之"勤俭持家,保护环境好"

保护环境是人类有意识地保护自然资源并使其得到合理的利用,防止自然环境受到污染和破坏;对受到污染和破坏的环境做好综合的治理,以创造出适合人类生活、工作的环境,协调人与自然的关系,让人们做到与自然和谐相处。这也是建设和谐社会的必然要求,与每个家庭息息相关。对于现代人,低碳是一种环保的生活方式。现代人的生活方式对全球气候变化造成了巨大影响。过度消费、奢侈消费、便利消费等行为,严重浪费能源,增加污染。高碳排放的不良消费和生活方式,大大增加了碳排放量,我们每个家庭都要改变这种不和谐的生活方式。

第七章 打造千家万户"平安家庭",建设平安和谐美好社会

家庭的平安与和谐是整个社会平安与和谐的基石。家庭不安,社会难安;家庭平安,社会才能平安。没有千千万万个家庭的平安与和谐,也就绝不可能有全社会的平安与和谐。创建"平安家庭",不仅关系着每个家庭、每位公民的幸福与安宁,也是建设一个平安、和谐、美好社会的重要内容。所以,每一个家庭都有责任和义务投入到"平安家庭"创建活动中来,着力打造"平安家庭",共同建设美好社会。

第八章 抓好"五好文明家庭"评选和表彰,推动创建活动深入开展

　　"五好文明家庭"创建活动是推动家庭美德建设与和谐家庭建设的重要载体,因而要持续推动"五好文明家庭"活动,不仅要抓好创建工作,更要抓好评选和表彰工作,以激发更多的家庭参与其中。并不断适应新形势,提出新任务、新要求,与时俱进,不断创新,采取多种形式,使之永葆朝气和活力,推动"五好文明家庭"创建活动的深入发展和持续改进。

附 录

第一章　充分认识"五好文明家庭"的意义,创建新时期"五好文明家庭"

　　家庭是社会的细胞,家庭的文明程度是社会文明程度的重要标志。2001年9月,中共中央颁发《公民道德建设实施纲要》,进一步突出了家庭文明建设在公民道德建设中的地位,充分体现了党中央对家庭道德建设的高度肯定,高度重视,为"五好文明家庭"创建活动指明了方向。在当今社会主义建设新的历史时期,家庭美德依然是保障家庭美满的思想和认识基础,是社会主义精神文明建设不可或缺的重要内容。在今天建设和谐社会的热潮中,"五好文明家庭"有着重要的现实意义。

1

家庭是社会的细胞

　　家庭是社会的基本组成单位。家庭作为人的特殊集合体,是社会的最基本单元和细胞,是文明时代也即私有制社会开始的标志之一。

　　家庭是社会关系集结、集散、变化、沟通,交流信息、奉献责任义务、凝聚情感的基地。曾经有一首歌:"我想要有个家,一个不需要太多华丽的地方,在我疲倦的时候,我会想到它,我想要有个家,一个不需要多大的地方,在我受惊吓的时候,我才会不害怕。"家是避风港,无论是在什么时候,受到任何委屈,碰到任何困难,我们都可以随时靠岸,躲避一切困扰,让自己放松放松。家是心灵的港湾。因为有了家的存在,才有了生命的意义。家给我们不仅是生活上的满足,物质上的需求,更给了我们精神的慰藉。无论我们走到那里,回首遥望的是家,期待回归的也是家。对于每一个人来说,家是出发的起点,也是最后的归宿。也许当我们为实现自己的梦想而在外面打拼的时候,会暂时没有家这一概念,可我们内心深处,总会有一根线牵扯着。家是温馨,家是甜蜜,就是我们无论走多远都要回去的地方,还有妻儿,因为那里有我们的父母、兄弟和姐妹,还有妻儿,因为那里有我们美好的记忆和想起来时抑制不住的感动。

　　湖南姑娘唐柳青刚来深圳时因忙于找工疏于与父母联系,让家中双亲担忧不已,从而更深切体会到父母对自己的爱。她想对爱家的朋友们说——常给远方父母报平安。"对于亚当而言天堂是他的家;然而对于亚当的后裔而言家是他们的天堂!

……在这座城市，我并不是孤独的一个人了，我有一个在远方让我牵挂的家，有一个让我感受到快乐的家，还有深圳这个大家！我发现，原来幸福无处不在，因为有家！"这是"幸福深圳·爱家大行动"组委会"爱家·心语"征文活动中收到的2000多件作品之一，这篇征稿《家，我的心灵港湾》在由网友投票评选出的"爱家·心语"大征集十佳作品中名列第一，它的作者是来自湖南的劳务工唐柳青。

21岁的唐柳青长着一张漂亮的娃娃脸，她在接受记者采访时一开口就提起了自己的父母："我爸爸、妈妈已近知天命之年是应该享受天伦之乐的时候了，可他们就没停止过为我们几个孩子操心，要为我们的温饱操心，要为我们的学业操心，要为我们的工作操心，要为我们的婚姻操心……"

初来深圳时发生的一件事让唐柳青深切地体会到了血浓于水的亲情可贵。2005年初，她从湖南翻译学院毕业来深圳。当时忙于找工作的她，想着等自己落实工作了，再给爸妈打电话。可是等她找到工作后，她又想等自己安定下来，再把好消息告诉父母。

一晃一个多月过去了，有一天，一位同学找到她，对她说："你爸爸、妈妈已经找你一个月了，急得都快病倒了，你赶紧跟他们联系一下。"听了同学的话，唐柳青飞速奔向一个电话亭。当她拨通家里电话她的父母听到她的声音的时候，都哽咽得说不出话来。她妈妈好一阵子才缓过劲来，开口说道："这一个多月我们没有你的任何消息，只有通过你的小学、初中同学来找你。我让他们给你在网上留言，看到了就一定要回个电话给家里报平安。可是，我们就这么等着，急着，找了你很多同学问也还是没有任何音讯，我和你爸爸以为你出事了，都要急疯了。你爸睡觉前都关手机的，可这一个月来，他手机都是握在手里，24小时开着的。女儿啊！是爸妈不好，你毕业出去工作的时候，我们就应该给你配个手机啊，这样子你就可以给我们报平安了。你还好吧？吃得好吗？住得好吗？工作怎么样了？有没有受委屈啊？在外面不比在家里，爸妈无法关照你啊，你要学会自己照顾好自己……"小唐就这么一直手拿话筒听着爸妈的电话，一边流着眼泪，连声说着："好！是！都好！……"那一刻，她才深深感受到"孩子都是父母的心头肉"这句话的真实含义。

从那以后，每过一两天，唐柳青就会给父母打个电话，报声平安，哪怕就是那么一两句很平常的问候，她知道父母都会很在乎。有了手机后，她还经常给父母发发短信，看到什么好吃的、好玩的、好看的，她总会发个信息给爸妈说："这多好啊要是爸爸和妈妈也在就好了……"她知道，父母在那一头看到这样的信息也会很高兴的。

小唐每年都会争取回家一两次，虽然在家的时间都不长，但每次回到家她大部分时间都花在陪父母聊聊天、做家务上。"因为时间不等人，现在不去关爱自己的父母，或许等到有一天想做的时候却没机会了。到那时，再后悔也来不及了。"小唐说。

如今在深圳从事电子IC国际销售工作的唐柳青，现在最想与家人一起做的事情就是去旅游。"我想让爸妈生活得更好，因为他们为我们已经操劳了大半辈子，现在是时候让我们这些孩子给他们优质的生活和欢乐了！当我在事业上取得成绩时，当我的生活有了改善时，我的第一个想法就是能够同父母和家人一起分享。"

家庭是社会的细胞，细胞健康是保证肌体健康的前提，如果其中一部分细胞出现问题，就会影响整个肌体的状态和功能。家庭能给人们带来生活的信心和希望！家庭会让人们无比用心珍重守望爱的幸福，迎接生活的美好与永远！家庭会让人们无比坚定的坚守家庭幸福的完美，保卫和睦幸福生活的胜利果实。家庭也是人生永远的驿站。身心疲累时，可以稍作歇息，心里郁闷时，可以倾诉，心里压抑时，可以宣泄，心里失落时，可以安慰，心里紧张时，可以得到安宁安全。家庭让身心痛苦忧戚，悲伤烦恼，人生的苦难，人生的经历磨难有一个医治、休整、弥合、解脱的"疗养院""避风港"。

家庭关系是社会关系的重要组成部分。如果我们把社会比作一个肌体，那么家庭就是细胞，细胞如何，对于肌体是否健康至关重要。如果我们把社会比作一座大厦，家庭就是基石，基石如何对于大厦的稳固至关重要。所以家庭关系对于社会关系极其重要。而千千万万个家庭对和谐家庭、五好文明家庭的追求，一起汇成了一个强大的动力，在我国当代社会发展当中起着其他力量所无法取代的作用。可以说家庭文明和谐了，社会就会增加许许多多的文明和谐。

2

家庭和谐是社会和谐的基础

家庭和谐是社会和谐的基础。家庭不仅是社会的组成部分，而且是社会的原始模型，这一点，在中国传统文化中体现得最为明显。儒家一向把"齐家"视为"治国"的前提条件，孟子说"天下之本在国，国之本在家"。就是说，只有家庭关系和睦，才会有社会关系的和谐、顺畅。

一个社会是由千千万万个普通家庭组成的，要构建和谐社会，就要从社会最基本的元素——家庭开始，先构建一个和谐家庭。党中央提出的"构建和谐社会"重大战略决策，是一项艰巨、复杂的历史任务，更是一项十分重大的系统工程。和谐社会的构建，需要多种要素和环节的健全和完善，而和谐家庭的构建则是构建和谐社会的基石和保障。和谐家庭在本质上是社会主义精神建设、道德建设、文化建设在家庭成员关系上的集中反映。它是以家庭成员的全面发展为基础，以营造积极向上的家庭价值取向、平等和谐的家庭关系、民主协商的家庭氛围为主要内容的，构建家庭成员之间、家庭与社会之间、家庭与自然之间相互和谐共处的新型文明家庭模式。

俗话说："家和万事兴！"2010年12月25日圣诞节的上午，南京下关区第二实验小学在静海寺广场举办了"珍爱和平，共创和谐——家庭才艺秀"演出活动。此次参加表演的11个家庭风格各异，全家老小一齐上阵"秀"上一把，尽显风采：他们或展示甜美的歌喉、演奏不同的器乐，或带来俊逸的书法、优美的舞蹈，让现场的观众其乐融融。演出现场响起阵阵雷鸣般的掌声。近两个小时的活动吸引了无数市民和游客驻足。

在活动中，无论是三口小家表现出来的温馨还是几代同堂的大家表现出来的欢乐，都尽情地传递了和谐之美，才艺之美，让人流连忘返。而这场"艺术大餐"是一个多月来家长、孩子和老师们共同努力的结果……孩子是家庭的核心，每个家庭都倾注了大量的精力，给孩子一个尽情展示才华的舞台，用拼搏赢得自信。拥有才艺的孩子就会有更多的梦想，他们也将在自己的成长经历中，记住这一难忘时刻。家庭齐上阵增强家庭的凝聚力，这种团结合作的精神，以及亲子互动感受到的快乐，也将激励孩子与家长不断进步。每个家庭的出色表现都充分体现出家庭成员之间团结、和谐、友爱、温馨的氛围。这种和谐家庭的活动通过一个个小家的窗口，点燃了下关第二实验小学的教师、学生、家长创建精神文明、创造幸福生活火一样的热情。

家庭是社会的细胞，每一个社会都是由千千万万个小家庭组成的。和谐家庭是家庭情感的源泉保障，家庭担负着情感满足与依靠的功能，是人们身心休息的港湾，这就要求家庭本身必须拥有不竭的、高质量的情感源泉。这种情感源，就源于和谐家庭，只有在一个宽松和睦、亲切协调、幼孝老慈、夫妻恩爱的环境中，家庭才能成为个体成员心理负担的减压器，成为迎接挑战的加油站。和谐家庭有助于孩子的健康全面成长。家庭是儿童身心健康成长的摇篮，和谐的家庭为孩子提供了健康成长的环境，家庭的温暖和关爱，让孩子在和谐的环境中熏陶成长，使孩子学会用博大的胸怀看待世界、接纳社会；学会用一颗平和、善良的心去善待他人、关爱他人。以热情、开朗、进取、正直、真诚的品质和性格去处理各种问题和关系。和谐家庭是社会稳定的因素。据权威部门统计，不和谐家庭中的成长历程在孩子的内心深处遗留的阴影和心理伤害，不仅对成长阶段孩子性格和品行的形成有影响，对成年后如何面对逆境、挫折和失败等情况的分析、理解上，在处理人际关系，处理突发问题的态度上都有着较大的影响，更有甚者会导致孩子长大后走上犯罪道路，成为社会不稳定的因素。

这是来自农村的一个"五好文明家庭"的事迹：

廖大平，清池镇大坝村村主任，身为基层领导干部，她具有强烈的事业心和对工作强烈的责任感，不仅是管理能手，更是业务能手，能够熟练掌握全村的软硬件工作，能及时为百姓排忧解难，曾多次受到各级领导的表扬。面对成绩，她从不骄傲，始终兢兢业业，默默奉献。她为人真诚纯朴、待人热情友善。如果说提起她，人们会争相交口称赞，那么说起她的家庭，大家更是艳羡不已。这不是因为她家庭背景显赫，也不是因为她家境条件优越，而是源于她有着一个互敬互爱的和谐之家，源于他们对子女成功的教育，源于他们对事业执著的追求，源于对社会炽热的爱心，更源于他们对事业不懈地追求。

廖大平的爱人，是一家砖厂老板，对自己厂里的员工，关爱有加。在实际管理过程中，他注重与工人的沟通，通过自身的努力和抓管理，抓质量。他经营的砖厂成为客户信得过企业，生产出来的红砖供不应求，是最受百姓们欢迎的砖。

夫妻俩结婚二十几年来相敬如宾，非常恩爱。由于工作，平时他们都很忙，生活中有很多困难，但他们善于互相迁就，遇难关一起度过，有成绩一起分享，是事业上的好战友，生活中的好知己。大平的公公婆婆均已过世，但在世时常常在大家面前念叨儿媳的好，前后二家关系处理得非常融洽，这一点邻居们是有目共睹，那时候，他们夫妇俩一边要面对繁杂的工作任务，常常要加班到深夜，一边要照顾年迈的父母，颇为不易。然而即使在如此困难的情况下，大平也没向组织上提出过任何的工作要求，始终坚守在工作第一线。这和他们这个大家庭里和美融洽的氛围是息息相关的，正是有了家庭的理解和支持，才会有大平这位单位的好成员，社会的好公仆，人民的好女儿，才会有她在事业、家庭两端无怨无悔的付出。在这种和谐、进步的家庭气氛熏陶下,他们的女儿在家中尊敬长辈,孝敬父母,自理能力强,是好孩子;在外遵守社会公德,讲文明,懂礼貌,讲卫生,爱清洁,是个好公民;在学校更是严格要求自己,刻苦学习,兴趣广泛,是老师的好帮手,是同学们的好伙伴,是一个名副其实的好学生。她2009年参加高考,更是以优异的成绩考上黑龙江重点大学,街坊邻居都笑称,他们不仅为这个社会奉献了大才干,还培养了个小天才。

虽然家庭并不富裕,生活并不清闲,他们还始终不忘别人的困难,并尽可能地去帮助。多年来,帮助他人做好事,已经成了大平生活中的一个重要部分,她时常和爱人一起探讨和帮助解决一些贫困人口的生活问题,一天下来,如果没有帮助别人做点事儿,她就会觉得少了点什么。这些年来,大平与爱人一道,带头为家乡修建公路捐款捐物,做自己力所能及的事情。大平常说:"存金存银不如存德",在她看来,只要少计算些个人的得失,多一点奉献精神,做人做事以德为先,以德为准,人与人之间就会建立起和谐、友善、诚信的关系,社会风气就会越来越好。在他们的生活里,充满着对社会、对他人的爱心、诚心、善良心、责任心。

"家和万事兴",一个和睦的家庭,之所以和睦,廖大平一家始终遵守几条朴素的规则:"爱国守法,热心公益;学习进步,爱岗敬业;男女平等,尊老爱幼;移风易俗,少生优育;夫妻和睦,邻里团结。"这不正是"五好文明家庭"的标准吗?原来这个幸福家庭的秘密,就是争做"五好文明家庭"。我们相信,在今后的生活和工作中,廖大平一家一定会过得更加幸福,更加美满。

家庭的和谐幸福关系到社会的和谐稳定。温馨、快乐、精彩的表演,营造了社会和谐,家庭和谐的浓厚氛围,展现了广大家庭爱国、爱家的精神风貌,展示了新时期文明家庭的新风采。和谐的家庭应该包括稳定的婚姻关系、平等的家庭关系、和睦的外部环境、健康的生活方式四个方面。胡锦涛总书记指出:我们所要建设的社会主义和谐社会,应该是民主政治、公平正义、诚信友爱、充满活力、安定有序,人与自然和谐相处的社会。家庭是社会的细胞,是每个人最初接触的环境,是每个人成长的摇篮,同时家庭是社会最基本的单位,家庭是否和谐关系到构建和谐社会能否顺利实现。

平凡的日子因为和谐而光彩,平凡的家庭因为和谐而温馨,和谐家庭永远是幸福生活的源泉,人人都喜欢幸福和平的生活,所以我们一定要珍爱家庭,共创和谐!

3

家庭文明是社会文明的重要部分

一个社会的物质文明和精神文明,都可以从家庭生活的形式和表现中看出来。家庭文明是社会文明的重要部分,家庭文明的建设是社会文明的至关重要的环节,同时也是社会文明的基础。家庭文明作为一种文化现象,是人类文化的重要组成部分,有着十分丰富的内容。家庭文明是指家庭的物质文化和精神文化的总和。家庭文明属于社会科学范畴,指的是一个家庭世代承续过程中形成和发展起来的,较为稳定的生活方式、生活作风、传统习惯、家庭道德规范以及为人处世之道等。家庭文明是建立在家庭物质生活基础上的家庭精神生活和伦理生活的文化体现,既包括家庭的衣、食、住、行等物质生活所体现的文化色彩,也包括文化生活、爱情生活、伦理道德等所体现的情操和文化色彩。

无论从个人生活方面,抑或是从社会生活方面来看,家庭都是一个非常重要的社会生活组织,它对传递社会文化,维护社会秩序,都起着不可忽视的重要作用。从创建和谐社会的角度上讲,家庭在传递先进文化的社会单位中占有重要的地位,它对城市居民的思想行为影响是深刻而全面的。反过来,每个家庭的文明状况,必然反映着整个社会的文明状况,或者说所在城市的文明程度,也必然会通过每个家庭的行为表现出来。因此,家庭文明建设搞好了,无疑会给所在城市带来巨大影响,正因为如此,开展文明家庭创建活动,不仅可以搞好家庭成员之间的关系,创造和睦、幸福的家庭氛围,而且可以改变社会风气,树立新的社会风尚,创建良好的社会精神文明。

和谐幸福的家庭都是一样的,遵纪守法,邻里团结和睦,孝老爱亲,爱岗敬业,诚实守信,勤俭持家,热心公益,并具有终生学习的理念,助人为乐,积极参加公益事业,大兴区亦庄镇闫宝成家庭就是这样一个令人羡慕的好家庭。闫宝成全家八口人,三名共产党员,二名共青团员,都在各自岗位上出类拔萃。闫宝成退而不休,是社区优秀的志愿者,多次被评为优秀共产党员。其长子购置了25吨吊车,凭自己娴熟的技术和诚实守信的经营,业务量很大;儿媳通过竞争上岗,到居委会工作;孙子考上大学,被选为班中的文体部长;长女是国家公务员,多次被评为"先进工作者";小女儿在一家企业任人力资源部部长。每人都在自己的岗位上做出了很好的成绩。

闫宝成老伴早年病故,孩子们看到孤单的父亲整天忙来忙去,很多时候都是以方便面充饥,看在眼里疼在心上。就商量着说:"如果有合适的,就找一个,只要您愿意,我们同意。"经同事介绍,爱好书画的张秀林走进了这个家庭。按常理,有后妈就有"后爹",可是这个家庭关系处理得恰到好处,不温不火。张秀林勤俭持家,剩菜剩饭总是抢着吃,挑着样做好吃的。逢周六日、节假日休息孩子们都回家,张秀林头一天就把第二天的肉、菜、鱼买好了,有的做了初步加工。第二天几乎半天在厨房忙来忙去,等可口的饭菜都端到桌子上,她才到桌和大家同吃。孩子们多次叫她先吃,她就是不肯,使孩子们非常感动,饭后绝不让她下厨房,可她总是和孩子们一起收拾碗筷。

这个家庭的成员都是邻里团结的模范,敬老爱幼,男女平

等,邻里们的婚丧嫁娶、大事小情,总爱找他们帮忙。闫宝成是社区居民的知心人,有什么事都愿和他商量,他总能为邻里排忧解难,人称"我们的好总理"。比如他提倡厚养薄葬,节俭办事,既庄重又节俭。他管事多,熟人多,总是把事情办得既圆满又省钱,所以大家都愿意找他。他还在办事中解决很多邻里、兄弟姐妹之间的矛盾,化干戈为玉帛,解除误会、化解矛盾。他帮人办喜事,总是不忘祝贺新郎新娘大喜之时要孝顺双方父母;和年轻人讲这个家庭里老一辈艰苦创业的历史,这个家庭的光荣史等,这些是事主想说又没机会说的话语。闫家的孩子们也喜欢结交朋友,有什么事大家总喜欢跟他们说。所以邻里们常说:"您看人家的(闫宝成家的)孩子,个个都那么好。"

幸福的家庭大体上是相同的——尊老爱幼、男女平等、夫妻和睦、勤俭持家、邻里团结,家庭美德成为家庭幸福的根源。不幸的家庭却各有各的不幸:夫妻离异、婚外恋等现象有上升趋势;遗弃老人、虐待孩子甚至家庭暴力的悲剧时有发生;家庭成员的义务感、责任感有所淡化;邻里关系趋向冷淡和陌生……所以,营造一个和谐、美满的家庭,就成为我们每个人一生中的重要任务和责任。

家庭文明追求是社会发展的重要动力。对于社会发展,恩格斯有一个伟大的发现,他发现社会活动是由无数个有目的、有动机的个人的活动构成的。而且这些目的和动机常常是相互冲突的。正是这些相互冲突的动机、目的,按照力的平行四边形原理最后形成了一个合力,这个合力就是社会发展的动力。自古以来,无数的个人、无数的社会组织,怀着各自的动机和目的从事着各式各样的活动,甚至是相互冲突的活动,这些活动最后都按照力的平行四边形的原理形成一个合力。伴随社会前进的步伐,新的家庭伦理道德体系正在形成,这个社会最基本的细胞在我国整体朝着健康、文明和科学的方向发展。我们家庭的活动,家庭的追求就是这些众多活动当中的重要活动。每一个家庭都应该根据自己家庭的实际,通过和谐观念、和谐文化的传播,倡导"以德养家、以法治家、文明治家、素质兴家"的家庭文明新风,引导家庭成员模范遵守社会公德、职业道德、家庭美德,争做"五好文明家庭"。把热爱生命、热爱生活、勤奋好学、道德高尚、身心健康、团结和谐、蓬勃向上作为构建和谐社会与和谐家庭的最佳途径。

4 创建"五好文明家庭"是社会主义文明的重要内容

家庭文明建设历来是妇联开展工作的一个重要领域。家庭文明建设在社会中的地位和价值是不可忽视的。"没有家庭文化的发展和繁荣,就难以实现社会主义文化的繁荣和发展;没有家庭的和睦和家庭新风的倡扬,也谈不上整个社会的和谐。"全国人大常委会副委员长,全国妇联主席,"五好文明家庭"创建活动协调小组组长顾秀莲在一次会议中意味深长的讲到。

现代家庭文明建设的内容和范围都在拓宽,它不仅限于家庭内各成员开展各种文化娱乐活动,而且成为住宅小区、居民社区文化建设的一个重要组成部分,成为社会主义精神文明建设的重要载体之一。家庭文明建设是社会主义思想道德建设的有机组成部分,是发展先进文化、提高民族素质、促进构建社会主义和谐社会的基础工程,是妇联参与精神文明建设、推动和创造先进文化的最有力的切入点。

改造世界,改造社会也总是从改造家庭生活开始的,因此,家庭文明也是科学社会主义的重要课题。五好文明家庭创建活动符合党和国家的工作大局,符合我国和谐社会建设的发展要求,符合广大家庭的需要,显示出了强大的生命力。家庭文明在本质上是社会文明道德在家庭成员关系上集中反映。它应是以家庭成员的全面发展为基础,以营造积极向上的家庭价值取向、平等和谐的家庭关系、民主协商的家庭氛围为主要内容，构建家庭成员之间、家庭与社会之间、家庭与自然之间相互和谐共处的新型文明家庭模式。"五好文明家庭"创建活动，是社会主义精神文明建设的重要内容，是推进社会和谐进步的基础工作。"五好文明家庭"创建活动要立足于激发和调动广大家庭投身改革开放和现代化建设的积极性，引导家庭成员共创和谐社会。

"五好文明家庭"称号获得者童占梅的家庭是一个普通的三口之家。让我们看看她自己的讲述：

　　我本人在电子工业出版社高等教育分社工作，我丈夫在中国科学院从事科研工作，17岁的儿子就读于人大附中高中。我和我丈夫从相识到共同生活的20年的岁月中，始终用责任和爱心互相支撑着，共同走过人生的风风雨雨，用我们勤奋和优秀的工作业绩服务于我们的社会，贡献着我们的才智，同时也用美好的爱情创造了我们幸福快乐的生活。

　　生活中我们一家人乐观而快乐，无论是对自己的亲人还是邻里，无论是对同事还是陌生人，举手之劳中，总会让人们感受到温暖。我们相信，自己的点滴付出都是对社会的一份贡献。每次的社会捐赠中，都少不了我们；冬天大雪之后，在我们居住的小区总能看到我们扫雪的身影；在各自的单位里，我们都是集体活动的积极组织者和参与者，和同事、同学有着良好融洽的关系；我们的儿子，还用自己的篆刻爱好，为众多的亲朋好友创作了他们喜欢的印章，传递着美好的友情；每次外出，我们忘不了自带垃圾袋，如果找不到垃圾投放点，我们宁可带回家；我们自觉进行垃圾分类，再生垃圾都会分类处理，一点小习惯，却能为改善环境出一份力……其实生活中还有许多这样的点滴小事，正是这些良好的习惯和行动，为我们的社会带来了美好和温暖。

　　我们家庭的每一位成员，都互相鼓励和支持，保持着积极向上的精神风貌，并在工作和学习上取得了优异的成绩。我因工作中的突出表现连年被评为社里的"先进工作者"；我丈夫承担了多项国家自然科学基金、国家863和973项目，科研和教学工作成绩突出,并因此受到表彰;儿子学习踏实勤奋,成绩优异。

父母是孩子最好的榜样,我们夫妻两个在生活中的互相照顾和体贴潜移默化地影响着孩子,而孩子也学会了给予和尊重。通过不同形式的沟通,我们的心贴得更紧,生活更加温馨。还记得我过38岁生日时,忙碌了一天的我晚上赶回家,一开门灯突然被关掉了,柔和温暖的烛光亮起来,还响起了悠扬的"祝你生日快乐"的音乐,父子俩正围坐在大蛋糕前快乐地迎接我的到来,生活中这样让我感动的时刻还有很多。记得在儿子初三快要中考的那年的3月,儿子即将度过他的15岁生日,我也希望给孩子一份有创意的特殊礼物,体现爸爸妈妈对他的爱和支持。我花了些时间构思,受到现代网络语言的启发,业余时间在网上下载了很多彩信动画图像,用少量的文字和几十幅生动漂亮的图像给他制作了一个生日 E-mail 邮件,在他生日的那一天邮寄给他,看得出,当他收到这份充满爱意和现代气息的特殊贺卡时心中充满了惊喜与幸福,也拉近了他和父母的距离,那一年他的中考很顺利。

在这个家庭,尊老爱幼表现在平常的每件事情中。我们的大家庭概念很强。这么多年了,每年过年和节假日,我们都不辞辛苦跑回老家和年迈的父母一起过,我们有个共同的想法,平时工作忙,没有时间守在父母身边尽孝,现在还年轻,无论多么辛苦,也要让年迈的父母开心,所以20年来,我们一直坚持这样做。在我们的大家庭中,公婆对小辈疼爱有加,但小辈一回家,一定是忙里忙外,恨不得将所有的家务包下来,让父母休息好。20年里,我们婆媳关系亲如母女,融洽和谐。为了教育孩子,从5岁开始,每年的暑假,我们都会将孩子送到农村的老家,和爷爷奶奶一起生活一段时间。常年的艰苦生活,老人们就是馒头加咸菜喝开水过日子,还有蚊虫叮咬,但他们的爱是无言的。孩子从艰苦中学会了自立,学会了孝敬老人,学会了吃苦精神,也更加珍爱自己的生活,所以学习自觉努力,和爷爷奶奶的感情也很深。2007年春节将近,因为爸爸生病不能回老家过年了,我们的儿子就自动请缨，自愿承担起看望爷爷奶奶的责任，独自一人乘坐长途汽车去河北农村看望爷爷奶奶，将礼物和过节的钱带给老人，也带去了一家人暖暖的问候。

最让人难忘的还是我们一家人共同走过的 2006 年。这一年的 4 月底，丈夫被查出患了肾肿瘤，在这突如其来的变故发生时，我们选择了勇敢乐观的面对。丈夫自始至终都很清楚自己的病情，我和儿子也都明白这意味着什么，我们商量好，要一家人一起帮助爸爸康复！在这件事发生时，儿子正上高中，学习紧张，我选择了尊重生命和亲情，如实地将爸爸的病情告诉了孩子，但也告诉他，不必担心，有很好的救治办法，我们要一起帮助爸爸渡过难关，孩子懂事地点点头。我还告诉他，这段时间妈妈会顾不上照顾他，要尽全力照顾爸爸，儿子很懂事，自信地告诉我他能行，并开始承担爸爸以往的一些家庭的责任。如家里的小修理，到银行交费，安排亲友的住宿和吃饭，等等。我们积极地寻找救治办法，以最快的时间幸运地找到了最好的主刀医生，做了肿瘤根治术——左肾全切。术前、术中，我和孩子，还有众多的亲友不离左右，一直陪伴丈夫。术后的日子，面临心理和身体的双重康复，我请了年休假和奖励假，日夜陪伴在丈夫身边，悉心地照顾他，就像平常一样，时时用微笑和快乐的眼神，平静快活的话语与病中的丈夫交流，我坚信，积极乐观的精神可以战胜病魔。所以再苦再累我也从未在丈夫面前落过泪，用自己的坚强和乐观，为丈夫撑起一片天。他也用坚强和毅力与病魔抗争。住院期间的每个周末，我们的儿子，都会像快乐的小鸟一样，飞到我们身边，他会独自一人跑好远的路，不辞辛苦为爸爸送来最爱吃的饺子。其间他的学习和生活完全由自己掌握，学习居然一样同前，这让我和他爸爸非常欣慰。正当丈夫一天天康复的时候，又一件意外发生了，在术后 7 天，丈夫又突发神经炎四肢逐渐失去了运动功能，完全瘫痪了，并且还在发展，呼吸和吞咽开始发生困难。随后被紧急转送到宣武医院神经内科抢救，当医生告知家属要将病人转到 ICU 病房时，我没有同意。

我坚持只要他还有自主呼吸，就坚决不上呼吸机也不去重症监护室。因为我知道，离开了亲人的他，如果精神一松懈就会永远离开;如果放弃了自主吞咽和呼吸，一旦要恢复将非常困难。我要做最后的努力，陪在他的身边，给他最好的照顾和精神支撑，事实证明我的坚持是正确的。在生命最脆弱的时刻，我坚持每天24小时不间断地给丈夫做被动的肢体按摩和运动，期待他能很快递转，只要丈夫需要,5分钟就要翻次身，一天数次擦身，鼓励丈夫自己进食和自主呼吸，我不间断温柔地抚摸和耳边轻声鼓励，加上特效药，终于将丈夫唤了回来，手指会动了，可以攥拳了，可以拉着栏杆翻身了……生命开始绽放希望。但是要学会坐、站和直立行走，就像小孩一样要从头开始重新学习和训练，这是一个艰难的康复过程，我不知道这个过程会多么漫长，医生也不敢确定，但我义无反顾地选择了坚持，并相信一切都会好起来。就是抱着这样的信念，当丈夫能借助轮椅活动时，我开始白天上班，晚上陪伴丈夫，又经过一个多月的康复训练，丈夫居然能独立站立了，虽然还不能迈步，但我们的兴奋仍无法言状，因为我们看到了希望，医生也赞叹这是个奇迹。出院以后还要经过很长的步行康复过程，正好是暑假，儿子就成了最好的"护士"。整整一个假期，我每天坚持上班，由儿子照顾爸爸的日常起居和饮食，还要陪爸爸在家里做康复训练。小家伙每天为爸爸做饭，帮爸爸康复训练，然后是做自己的功课，安排得井井有条，只有到周末，我在家时他才抽时间见一见同学们，享受友谊的快乐。虽然不能出门，儿子自有他的乐趣。他在照顾爸爸的同时，还用不同的手法和艺术风格创作了苏轼的《赤壁怀古》诗词的篆刻作品。又创作了包括我们一家人名字和属相的篆刻印章对联，连同他篆刻的警句印章，专为爸爸制作了一个镜框送给病中的爸爸，现在它就挂在他爸爸的办公室里。在全家人的共同努力下，丈夫身体恢复得很好，当年的10月就开始上班了。我因为上班离家很远，下班到家已经很晚，所以自从丈夫病了以后，晚饭一般都是儿子做，因为他回来的最早。通常他都会先为爸爸熬上中药,然后准备晚饭。就这样他在紧张的高二年级学习之余,平静而快乐地和我们一起照顾着这个温暖的家,周末和假日里还会陪爸爸逛公园散心和锻炼,开家长会时和老师聊起来,他的同学和老师都不知道他为此所做的一切。

经过风雨的我们更加珍爱生命和美好的生活。现在,每当回忆起当时的情形,我们一家人都心存感激。我也想借此机会,代表我们全家感谢所有关爱和帮助过我们的人们,并祝愿每一个家庭平安、健康、温暖、幸福!

文明家庭创建活动从某种意义上讲是一门科学,文明家庭创建活动是建设社会主义文明的重要内容,是为了加快和谐社会的进步和发展。社会文明总是在个人文明,家庭文明,城市、乡村文明互相作用推动下不断向前的,缺少了其中一个环节,整个社会发展就会受到制约。而文明家庭创建活动在社会主义文明建设中体现出来的特殊作用,足以让人们对它的有效性和重要性予以更多的关注。重视文明家庭创建,应该从重视"文明人"的塑造和培养开始。一个人要养成良好文明的行为习惯最好的方法是从生活到工作,从家庭到社会,形成一种文明的合力,道德的磁场,这样每个家庭成员就会由促动到自觉,由自觉到习惯,由习惯收获一种人格,由人格汇成社会的文明主流。古人云:家和万事兴,家齐国安宁。足以见得,家庭对于社会的意义是举足轻重的,对于个人而言又是不可或缺的。

因此,"五好文明家庭"创建活动要适应社会主义精神文明建设需要,既要发挥各部门的积极性,又要考虑家庭文化建设特点与和谐社会的要求。从而营造一个良好的社会氛围。

5

"五好文明家庭"创建活动的历史与现状

　　"五好家庭"起源于 20 世纪 50 年代,是全国妇联上下联动的一项家庭建设工作。伴随着历史的进程,"五好文明家庭"创建活动,从城镇发展到农村,从街道发展到机关企事业单位,在不同的历史时期,围绕党的中心工作,紧扣时代脉搏,逐渐成为以提高家庭成员道德素质为主要目的,以家庭文化建设、家庭美德建设为主要内容的社会主义精神文明建设重要组成部分,得到了党和全社会的重视。

　　"五好家庭"初期的活动主要围绕两勤方针:勤俭建国勤俭持家。随着改革开放和现代化建设的不断发展,新时期的"五好家庭"活动通过开展丰富多彩的家庭文化活动,在全社会倡导尊老爱幼、男女平等、夫妻和睦、勤俭持家、邻里团结的文明风气。已经成为一项内容特定,形式新颖、影响广泛和效果扎实的群众精神文明建设活动。

　　1982 年,全国妇联倡导并重新发起了"争创五好家庭"活动。并与当时的文明里弄、文明单位的创建活动相结合,纳入了精神文明建设总体规划。"五好家庭"活动,带动了当时社会的文明建设。涌现出一批夫妻相敬相爱、婆媳胜似母女、尊老爱幼、教子有方、邻里团结的和睦家庭。1984年,上海市首先将"五好家庭"活动纳入精神文明建设的总体规划。彭浦新村和彭普机器厂试点厂弄共建"五好家庭",要求家庭成员在厂里争当好工人,在社会上争当好市民,在家庭中争当好成员,在学校里争当好学生,使"五好家庭"活动深入到社会方方面面,推动各项工作,成为综合治理社会问题的好形式。从 1985 年开始,全国各城市也将"五好家庭"活动纳入各自精神文明建设的总规划中。当时的"五好家庭"的标准是:政治思想好、生产工作好;家庭和睦、尊敬老人好;教育子女、计划生育好;移风易俗、勤俭持家好；邻里团结、文明礼貌好。比如 1988 年，"五好家庭"活动纳入"做文明市民、创文明单位、建文明城市"的精神文明建设总体规划，使"五好家庭"活动与创建文明街道、文明居委会、文明楼、文明村的活动结合起来，形成了家庭建设与社区建设互相推动、互为补充的新局面。再如 1989 年，"爱我上海爱我家"——庆祝国庆四十周年演讲比赛活动中，市区(县)各级妇联共组织了 80 多场。通过讲上海的发展，讲家庭的变化和讲妇女的贡献等，广大妇女和家庭受到了一次情真意切的爱国主义教育。

1996 年为贯彻落实党的十四届六中全会《中共中央关于加强社会主义精神文明建设若干重要问题的决议》的精神，大力提倡尊老爱幼、男女平等、夫妻和睦、勤俭持家、邻里团结的家庭美德，全国妇联于将"五好家庭"活动更名为"五好文明家庭"活动。1996 年 11 月，联合中宣部、民政部、广电部、国家教委、公安部、司法部、文化部、卫生部、国家计生委、国家体委、国家环保总局、解放军总政治部、中直机关工委、中央国家机关工委、全国总工会、共青团中央、中国科协等 18 个部委发出《关于深入持久开展"五好文明家庭"创建活动的联合通知》，明确了创建活动的指导思想、工作要求、评选表彰管理办法，针对 1982 年全国妇联制定的"五好文明家庭"评选标准，对"五好"条件也作了新的规定，即："爱国守法，热心公益好；学习进取，爱岗敬业好；男女平等尊老爱幼好；移风易俗，少生优育好；勤俭持家，保护环境好。"同年，北京市成立了创建活动协调领导小组，围绕以下内容在全国城乡联合开展"五好文明家庭"创建活动。以提高家庭成员的思想道德和科学文化素质为重点，大力弘扬家庭美德。开展丰富多彩的家庭文化活动，倡导健康文明科学的生活方式。发挥家庭在维护社会稳定中的积极作用，以家庭的文明促进社会的稳定。围绕党和政府关注的社会热点、难点问题组织家庭志愿者奉献他人、奉献社会。大张旗鼓地宣传表彰"五好文明家庭"和先进家庭，倡导家庭新风。近年来，围绕家庭奉献、家庭文化、家庭环保、家庭教育以及家庭生活方式的转变不断深化"五好文明家庭"创建活动。"五好文明家庭"创建活动对于提高家庭成员素质、提高家庭文明程度发挥了积极作用，也促进了文明城市、文明城镇和文明行业的创建。

"五好"文明家庭创建指南
Wuhao wenming jiating chuangjian zhinan

　　2000年后,妇联开始实施"家庭文明工程",围绕绿化美化生活环境、活跃家庭文体生活、普及科学法律知识、破除封建迷信和落后习俗、和睦家庭邻里关系五方面内容,开展了家庭读书、家庭教育、家庭文化、家庭健身、家庭环保等活动,在城乡家庭中影响广泛。进一步弘扬了家庭美德,促进了婚姻家庭观念的转变和社会主义的道德建设。十六大后,中央政治局和中央政治局常委会多次研究宣传思想工作、精神文明建设工作。中央专门召开了全国宣传思想工作会议,胡锦涛等中央领导同志出席会议并作了重要讲话。从历史和全局的高度,深刻分析了宣传思想工作面临的新形势和新任务,精辟阐述了宣传思想工作和精神文明建设工作在党的全局工作中的地位、作用和极端重要性,明确提出了新形势下宣传思想工作的基本指针、主要任务和方针原则。特别要求我们要认真贯彻公民道德建设实施纲要,以为人民服务为核心,以集体主义为原则,以诚实守信为重点,加强社会公德、职业道德和家庭美德教育,大力推动建立与社会主义市场经济相适应、与社会主义法律规范相协调、与中华民族传统美德相承接的社会主义思想道德体系,不断提高公民的思想道德素质和整个社会的文明程度,为进一步开展家庭美德建设工作指明了方向。中央精神文明建设指导委员会颁布了《深入贯彻党的十六大精神,进一步加强公民道德建设的意见》,提出进一步加强社会公德、职业道德、家庭美德建设,并将文明家庭和文明户纳入全国文明城市、文明村镇、文明单位的评比表彰之中,使"五好文明家庭"创建工作有了更加坚实的基础。

　　妇联作为党联系妇女群众的桥梁和纽带,在协调关系、凝聚人心、维护稳定、服务妇女等方面,有着自身独特的优势,在促进和谐家庭和和谐社会的构建中,发挥了重要作用。因此,各级妇联组织要认真研究妇女和家庭面临的新情况、新问题、新需求,立足家庭、创新载体、丰富内涵,根据不同阶层的家庭的情况,从实际出发,突出重点,精心设计构建和谐家庭的活动载体,组织开展的"五好文明家庭"活动,充分调动了广大家庭参与的积极性,提高了人们促进和谐家庭、建设和谐社会的意识。

6

围绕和谐主题，建设新时期的"五好文明家庭"

构建社会主义和谐社会，是我们党以马克思列宁主义、毛泽东思想、邓小平理论和"三个代表"重要思想为指导，全面贯彻落实科学发展观，从中国特色社会主义事业总体布局和全面建设小康社会全局出发提出的重大战略任务，反映了建设富强、民主、文明、和谐的社会主义现代化国家的内在要求，体现了全党全国各族人民的共同愿望。

和谐社会包括很多的层次和方面，概括说来有人与自然的和谐和人与人的和谐。人与人的和谐又包括社会成员间的和谐与家庭的和谐，其中家庭的和谐是社会和谐的前提和基础。我们都是生长、生活在家庭里，家庭是我们成长的摇篮、情感的归宿、事业的基石，没用和睦幸福的家庭就没有快乐美满的人生。对于社会来讲，家庭又是构成社会肌体的细胞，只有每一个细胞都健康，社会这个整体才能健康发展。

面对这个复杂的社会，我们每个人不能脱离社会而独立存在，而社会也离不开我们每个人。在平等、尊重、真诚、宽容的基础上，创造良好和谐的家庭环境，无论是对自己，还是社会，都是至关重要的。所以，只有家庭和谐了，社会的大家庭才更和谐，更温馨，更充满人情味。当前影响家庭和谐的主要因素有：

1. 离婚率高。现代婚姻家庭不稳定因素增加，人们的婚恋观发生了深刻地变化，离婚率不断上升，成为影响家庭和谐的一大因素，婚姻纠纷引发的刑事案件越来越多，不但影响了家庭的和谐，而且影响了社会的稳定。

2. 家庭暴力多。据全国妇联的一项最新调查，在全国2.7

亿个家庭中,有8100万个家庭存在不同程度的家庭暴力,约占全国家庭总数的30%,家庭暴力不但造成了家庭的危机,而且严重侵害了妇女、儿童、老人的合法权益。

3.夫妻地位不平等。由于受封建思想的影响,男尊女卑的封建思想还有存在,此外受经济收入状况的影响,下岗女工不断增加,女性就业形势严峻,部分妇女由于没有独立的经济收入,造成了夫妻地位不平等。

4.生活方式不健康。当前拜金主义、享乐主义、奢侈浪费等腐朽思想在一部分家庭成员中逐渐滋长,侵蚀了部分家庭。有的家庭过分追求金钱、名誉;有的家庭沉迷于赌博活动;有的家庭缺少交流,家庭成员之间情感淡化,有的家庭缺乏家庭责任感,遗弃老、弱、病、残等家庭成员;在子女的教育问题上,单亲家庭等的不断出现,使家庭亲情关系淡化,家庭教育弱化。

5.未成年人犯罪多。近年来,我国的未成年人犯罪越来越多,由于未成年人尚处于心理的不成熟阶段,年龄小、抵制能力差,受社会上和家庭中的一些不良现象的影响,他们往往会用一些不法手段追求高档消费,甚至寻求精神刺激等,因而走上犯罪的道路。当前,未成年人犯罪成为了影响家庭和谐和社会稳定的一个新的热点问题。

家庭作为社会的基本构成单位,作为一个有着经济、政治、文化和社会各种需求的共同体,与各部门的工作都有着密不可分的联系,各部门的工作最终会体现在每一个家庭,家庭工作做好了,家庭和睦相处,必然会对各部门的工作起到促进作用。从另一个角度看,家庭与每一个人也都有着直接的关系,一个拥有和睦家庭的人必然会在工作中保持良好的精神状态。实践证明,从家庭入手,很多难办的事,特别是很多政府不能直接做的事,通过创建工作能够得以实现。从这个意义上讲,"五好文明家庭"创建活动体现了政府所急、家庭所需,是一件有利于国家、有利于群众、有利于促进工作的好事。

和谐家庭是构建和谐社会的基础。作为社会建设水平和社会发展程度,和谐家庭与社会主义和谐社会同车之两轮、鸟之两翼,互相联系、互相制约、互相促进。家是个人的"家",国是我们共同的"家",二者只有相互依存、相互促进才能达到家庭、社会共同的和谐稳定与发展。和谐幸福的家庭生活,一方面使疲惫的现代人在家庭中得到身心放松和调整,并为人们从事社会活动提供强大的精神动力;另一方面也使家庭成员以和谐幸福的人际关系模式为蓝本,类比性地推展到整个社会,从而构成和谐社会目标得以实现。

美塘乡三合村双井组罗国龙一家,家庭人口共 5 人,全家人遵纪守法、家庭和睦、勤俭持家、禁赌禁毒,男女老少,和谐发展,是一个名副其实的"平安家庭"。罗国龙,布依族,初中文化;妻子,罗国秀,初中文化,布依族。过去,他们夫妻俩同为本乡外出务工队伍中的佼佼者,如今,他们回乡发展养猪业,成为村民心目中的养殖示范户。家庭经济收入以养猪业为主,年饲养生猪近 200 头,收入 5 万多元。罗国龙家庭成员思想积极向上,一心一意谋发展,他们还充分认识到科学技术是加快农业产业化经营的重要力量,因此,家庭成员积极参与本村开展各种有益活动,在活动中主动宣传党的方针、政策、法律、法规、禁毒知识,还将在实际生产生活中积累起来的宝贵经验穿插到各种科技知识,科技文化的学习。在他们的带动下,全村人不但提高了自身素质,也倡导了一种文明健康的生活方式,为农村移风易俗做出了贡献。罗国龙家庭积极主动配合乡、村领导搞好计划生育宣传工作,带头实行计划生育。

他们夫妻既是生活的伴侣,又是事业的相互支持者,在家里时常交流体会,相互取长补短,遇到困惑相互开导,相互支持,彼此间的共同观点是先做人后做事,不管社会上的环境如何变化,走自己的路,坚持人间正道是沧桑。老有所养,平等关爱,有事业上的成就,在这个家里每个人都努力实现着自身价值,为社会大家庭在尽职尽责,"平安和谐家庭"就在这里得到了清楚地诠释。

孝敬父母是每个人的责任和义务,父母年龄大了,没有经济来源,为了让老人安度晚年,他们夫妻商量后,决定挑起维持家庭的重担,承担一切家庭开支。作为人妻、人母和人媳,罗国秀尽心尽力地做好一切,照顾好孩子和老人,关心体贴丈夫,并不因生活劳累而有丝毫的怠慢。在村里,妻子罗国秀不仅细心的照顾老人,和邻里之间的关系也相处得很好,每当谁家有困难,或吵嘴什么,她都能热心帮忙,为她们解决矛盾,自觉当起了义务调解员。隔壁邻居都非常尊敬她,相处得很融洽,跟姐妹一样,从未和邻居红过脸。大家互相尊重、互相关心,遇事有商量,村民们都称罗国龙一家是一个和谐、幸福的家。

家庭的和谐应该是家庭成员互相尊重、互相关心、互相爱护、互相支持、互相鼓励、共同进步。营造和谐的家庭氛围,是每个家庭成员的共同需要和责任。只要用心去体味,用心去创造,就能把家庭建设的和谐而温馨。生活在和谐家庭中的人才是幸福的、快乐的,同时,有了家庭的小和谐,就会有社会的大和谐,作为家庭和社会的一分子,我们都有责任和义务为五好文明家庭与和谐社会的建构贡献自己的一份力量。那么,如何才能实现家庭和谐呢? 主要包括以下几个方面:

第一、树立正确的家庭责任观。我们每个人都是家庭的一分子,我们每个人对家庭都是有责任和义务的。对于老人,我们有责任赡养他们,让他们安享晚年;对于孩子,我们有责任把他们抚养成人,让他们有一个幸福的童年。"责任"二字说起来容易,真正承担起来却是非常的难。当老人生病的时候我们能够在床前喂饭喂药,当孩子淘气调皮的时候我们能给他纠正,这都需要我们极大的耐心,有时甚至是艰苦的劳动,但我们并不感到厌烦,我们甚至在这个过程中能感到一丝幸福和快乐,这就是我们懂得了"责任"二字的意义。

第二、认真工作、踏实劳动,为家庭打下殷实的物质基础。老百姓经常说"贫贱夫妻百事哀",虽然这句话并不绝对,但必要的经济基础还是必需的,如果每天夫妻二人都在为明天的生活发愁,这个家庭就很难和谐起来。虽然钱对于解决家庭的问题不是万能的,很多富裕的家庭并不和谐,但是如果缺乏必要经济条件,家庭成员间往往会因为钱的使用产生矛盾。现在的社会给我们创造了很好的条件,只要肯付出,加上自己的聪明才智,就能获得良好的收获。

第三、养成淳厚的家风。我国古代有"诗书传家"的家风。所谓家风是指一个家庭的风气,这种风气是由父母所倡导的,同时更是父母身体力行的结果。家风是一种文化和道德的氛围,有一种强大的感召力量,家风一旦形成就能不断的继承发展,起着潜移默化陶冶家庭成员性情的作用。"忠厚传家"实际上代表着一种精神力量,它能够在思想道德上约束家庭成员,从而在家庭中形成尊老爱幼、孝敬父母、诚实守信等品德。在当前的社会中,我们所提倡的不仅仅是忠厚传家,同时也要营造热爱生命、热爱生活、身心健康、蓬勃向上的家庭氛围。我们要创建和谐社会,这就需要首先在家庭中养成不断学习的习惯,倡导家庭成员都参与学习、父母带头学习的家庭学习理念。在家风的养成过程中,父母首先要以身作则、率先垂范。

第四、以积极的态度处理各种关系。建设"五好文明家庭",很重要的是要理顺各种家庭关系。家庭关系主要有这样几个方面:一是夫妻关系。夫妻关系是家庭关系的核心,所有的家庭关系都是以夫妻关系为中心展开的,因此建设"五好文明家庭",要建立互敬互爱、平等互助的夫妻关系,树立正确的爱情观和婚姻观,用心处理家庭中出现的问题和矛盾。在生活中夫妻难免会出现一定的问题和摩擦,同时也会面临一些来自社会的诱惑,这就要夫妻二人都以良好的道德规范来约束自己,彼此忠诚,互相爱护,用爱情的力量化解生活中的不快。二是与老人的关系。由于年龄、阅历等原因,老年人往往和年轻人形成代沟,在很多问题的看法上不能一致,如果不懂得互相尊重和忍让,就会产生矛盾。要想避免和解决与老人的矛盾,应该懂得更加爱对方、理解对方、尊重对方。大家都说婆媳关系难处,其实,如果婆婆像爱自己女儿一样爱儿媳妇,儿媳妇像爱自己的妈妈一样爱婆婆,婆媳关系就很容易变得融洽。遇到双方观点不同的时候,要设身处地为对方想想,学会理解对方为什么这样,即使想不通也要学会尊重对方的意见。当然,在处理和老人的关系时,更应该牢固确立"孝"的观念。孝是中华民族的传统美德,它表达了我们对父母的感恩、体现了人世间最宝贵的亲情。三是要学会教育孩子。在当前社会中,青少年教育与构建和谐社会的关系非常密切,有一些青少年理想信念模糊、思想道德滑坡、社会责任感缺失、迷恋网络甚至色情,从而走向了违法犯罪的道路,严重干扰了社会的和谐与稳定,已经成为一个突出的社会问题。因此,作为家长,更加有责任和义务对孩子进行关爱和教育,用他们易于接受的形式和载体引导他们健康成长。在教育孩子的过程中,要注意发挥孩子自身追求进步的内在潜能,捕捉他们身上的闪光点,及时给予表扬和鼓励。孩子遇到困难要及时给予帮助,出现不良的行为要及时纠正,不能听之任之,更不要溺爱孩子。

第二章 "五好文明家庭"之"爱国守法,热心公益好"

　　构建和谐社会与"五好文明家庭"要从提高人们的法律意识着手。和谐社会的实质是以提高公民法律意识的法治社会。和谐社会的构建离不开和谐家庭的建设,而和谐家庭的建设又依赖家庭成员法律意识的提高。胡锦涛总书记曾经强调指出:"要加强法制宣传教育,传播法律知识,弘扬法治精神,增强全社会的法律意识,形成法律面前人人平等、人人自觉守法用法的社会氛围。"因此,无论是构建和谐社会还是促进和谐家庭都有必须要从提高人们的法律意识着手,从而推动全社会自觉学法、知法、守法、用法,促进和谐家庭与和谐社会的建设。

1

热爱祖国,弘扬爱国主义传统

　　家庭是一个人情感发育的基地和摇篮,更是一个人爱国主义情感的最主要的,也是最基础的发生地。在家庭里进行爱国主义教育还是十分必要的。因此,"五好文明家庭"的创建中要重视家庭的爱国主义教育。

　　国家观念及对国家、民族的感情是一种复杂的情感,但又是最普通、最平常的,是融入一个人日常生活一言一行之中的。在家庭中,一个平日里牢骚满腹,对祖国的恶言恶语随口而出,对民族文化毫无感情,甚至诋毁、诬蔑的人,给自己孩子的,只能是扭曲了的国家观念,这样的家庭里,是不可能实施爱国主义教育和影响的。因此,提高自身的爱国主义素养,是家庭爱国主义教育的前提和基础。

　　爱国主义体现了人民群众对自己祖国的深厚感情,反映了个人对祖国的依存关系,是人们对自己故土家园、种族和文化的归属感、认同感、尊严感和荣誉感的统一。它是调节个人与祖国之间关系的道德要求、政治原则和法律规范,也是民族精神的核心。但是,爱国主义教育是个很大的题目,而家庭里的爱国主义教育必须充分注意到家庭这一特殊的教育环境。爱祖国就是对现存国家社会制度价值的接纳和认同。只有充分认识爱国主义教育以及爱国主义丰富的内涵,家庭里的爱国主义教育才能真正充实有效。

　　爱国主义体现了每一个中华儿女对祖国的责任,这种责任是社会发展的客观要求,也是每个人自身发展的客观需要。一个人能够成为什么人，应该成为什么人，在很大程度上要依赖于社会，依赖于生于斯、长于斯的祖国。祖国给个人的成长发展创造条件，对个人的奋斗成果作出评价，为个人实现人生价值的征程指明方向。爱国主义首先表现为爱国情感，是一种热爱祖国和民族的深厚情感。对祖国的热爱之情是人类的一种共同情感。热爱祖国是爱国主义的最基本的要求。现代意义上的祖国有三层含义：

1. 一定区域内的国土。我们的祖国首先就是由960万平方公里范围内的自然风貌、自然资源所构成的这块国土。

2. 生长在这块土地上的国民。它们之间有着共同的经济生活、语言文化、社会心理、历史传统等社会关系。

3. 建立在这块土地和人民之上的实施阶级统治的政治机构——国家。所以祖国就是由国土、国民和国家组成的社会共同体。相应地，爱国情感也必然表现出对故土山河的热爱，对各族人民的热爱，对自己国家的热爱。

对于一个人来说，祖国首先代表地球的一个地方，那个地方的一切，高山大海、原野河流、地下矿藏、地上鸟兽都和自己息息相关，都深深地刻印在自己生命的轨迹之中。爱祖国，爱的就是这一条条大河、一座座高山。祖国还代表着一个人群，一个有着和自己血肉相连、处处相依的团体。爱祖国，就是爱自己的兄弟姐妹和亲戚朋友，爱我们共同的祖先和共同创造的历史。祖国还代表一种文化，国家与民族相连，每个民族都有自己的文化。爱祖国不仅要了解民族的语言习惯、服饰、饮食、风俗习惯，更重要的是要认同民族的传统价值观念、思维方式和行为准则。爱祖国也是一份情感，是一份血浓于水的热情与爱恋。情感是个既抽象又具体的东西，人们常常可以忍痛和一种生活告别，却很难割舍一份情感。爱祖国，就是对这块土地的眷恋，对同胞的不舍之情，对精神母亲的依恋。

钱学森是功勋卓越的科学家，更是心系祖国母亲的赤子。"我一直相信，我一定能够回到祖国的，今天，我终于回来了！"这是著名的"二弹一星"元勋钱学森对接待他回国的中国科学院科学家代表朱兆祥同志所说的一句万分感慨的话。他于1955年9月17日在周恩来总理的关怀下踏上回国航程，于1955年10

月1日到达香港,1955年10月8日到达广州,同他一起回国的还有他的夫人和两位幼子。说到这里就不由得要提一下钱学森坎坷的回国之路。

钱学森1911年12月出生于上海,祖籍浙江省临安县。1923年9月进入北京师范大学附属中学学习,1929年9月考入上海交通大学,1934年6月考取公费留学生。1935年8月,钱学森作为一名公费留学生赴美国学习和研究航空工程和空气动力学。回国前,钱学森担任加利福尼亚理工学院超音速实验室主任和古根罕喷气推进研究中心主任。这时,他已经是一流火箭专家。由于发表了"时速为一万公里的火箭已成为可能"的惊人火箭理论而誉满全球。这位加州理工学院的教授在"二战"期间,跟其导师冯·卡门参与了当时美国绝密的"曼哈顿工程"——导弹核武器的研制开发工作,在美国是一个屈指可数的稀世之才。

当中华人民共和国宣告诞生的消息传到美国后,钱学森和夫人蒋英按捺不住内心的喜悦,商量着早日赶回祖国,为自己的国家效力。此时的美国,以麦卡锡为首对共产党人实行全面追查,并在全美国掀起了一股驱使雇员效忠美国政府的歇斯底里狂热。钱学森因被怀疑为共产党人和拒绝揭发朋友,被美国军事部门突然吊销了参加机密研究的证书。这使他非常气愤。钱学森以此作为要求回国的理由。然而,钱学森万万没想到,他的回国意愿竟酿成了一场劫难!美国海军部次长恶狠狠地说:"他知道所有美国导弹工程的核心机密,一个钱学森抵得上5个海军陆战师,我宁可把这个家伙枪毙了,也不能放他回中国去!"

从此,美国对他的政治迫害接踵而至。移民局抄了他的家,在特米那岛上将他拘留14天,直到收到加州理工学院送去的1.5万美金巨额保释金后才释放了他。后来,海关又没收了他的行李,包括800公斤书籍和笔记本。他们硬说里面有机密材料。其实,在打包之前,钱学森已叫他们检查过。美国检察官再次审查了他的所有材料后,证明他是光明磊落的。

钱学森在美国受迫害的消息很快传到国内,新中国震惊了!国内科技界的朋友通过各种途径声援钱学森。党中央对钱学森在美国的处境极为关心,中国政府公开发表声明,谴责美国政府在违背本人意愿的情况下监禁了钱学森。

1954年4月,美英中苏法五国在日内瓦召开讨论和解决朝鲜问题和恢复印度支那和平问题的国际会议。出席会议的中国代表团团长周恩来联想到中国有一批留学生和科学家被扣留在美国,于是就指示说,美国人既然请英国外交官与我们疏通关系,我们就应该抓住这个机会,开辟新的接触渠道。

中国代表团秘书长王炳南6月5日开始与美国代表、副国务卿约翰逊就两国侨民问题进行初步商谈。美方向中方提交了一份美国在华侨民和被中国拘禁的一些美国军事人员名单,要求中国给他们以回国的机会。为了表示中国的诚意,周恩来指示王炳南在6月15日举行的中美第三次会谈中,大度地作出让步,同时也要求美国停止扣留钱学森等中国留美人员。

然而,中方的正当要求被美方无理拒绝。7月21日,日内瓦会议闭幕。为不使沟通渠道中断,周恩来指示王炳南与美方商定自7月22日起,在日内瓦进行领事级会谈。为了进一步表示中国对中美会谈的诚意,中国释放了4个被扣押的美国飞行员。

中国作出的高姿态,最终是为了争取钱学森等留美科学家尽快回国——可是在这个关键问题上,美国代表约翰逊还是以中国拿不出钱学森要回国的真实理由,一点不松口。

正当周恩来总理为此非常着急的时候,时任全国人大常委会副委员长的陈叔通收到了一封从大洋彼岸辗转寄来的信。他拆开一看,署名"钱学森"。他禁不住心头一震,他迅速地读完了这封信。信中的内容,原来是请求祖国政府帮助他回国。

这封信是钱学森当时摆脱特务监视,在一封写在小香烟纸上寄给在比利时亲戚(蒋英妹妹)的家书中,夹带给陈叔通副委员长的。对于这样一封非同寻常的海外来信,陈叔通深知它的分量，当天就送到周总理那里。"这真是太好了，据此完全可以驳倒美国政府的谎言！"周恩来总理当即作出了周密部署，叫外交部火速把信转交给正在日内瓦举行中美大使级会谈的王炳南，并对王炳南指示道："这封信很有价值。这是一个铁证，美国当局至今仍在阻挠中国平民归国。你要在谈判中，用这封信揭穿他们的谎言。"

8月1日中美大使级会谈一开始，王炳南率先对约翰逊说："大使先生，在我们开始讨论之前，我奉命通知你下述消息：中国政府在7月31日按照中国的法律程序，决定提前释放阿诺维等11名美国飞行员，他们已于7月31日离开北京，估计8月4日即可到达香港。我希望，中国政府所采取的这个措施，能对我们的会谈起到积极的影响。"可谈到钱学森回国问题时，约翰逊还是老调重弹："没有证据表明钱学森要归国，美国政府不能强迫命令！"于是，王炳南便亮出了钱学森给陈叔通的信件，理直气壮地予以驳斥："既然美国政府早在1955年4月间就发表公告，允许留美学者来去自由，为什么中国科学家钱学森博士在6月间写信给中国政府请求帮助呢？显然，中国学者要求回国依然受到阻挠。"在事实面前约翰逊哑口无言。美国政府不得不批准钱学森回国的要求。1955年8月4日，钱学森收到了美国移民局允许他回国的通知。

1955年9月17日，钱学森梦寐以求的回国愿望得以实现了！这一天钱学森携带妻子蒋英和一双年幼的儿女，终于登上了"克利夫兰总统号"轮船，踏上返回祖国的旅途。

钱学森冲破种种阻力回到了祖国，为中国火箭、导弹和航天事业的发展作出了不可磨灭的巨大贡献。钱学森被评为"两弹一星"的功臣，受到国家的表彰。在荣誉面前，他是这样说的："说是表彰我对中国火箭导弹技术、航天技术和系统工程论方面所做的一切工作。我想这里面'中国'两个字是最重要的。"钱学森的爱国主义精神值得我们好好学习。

爱国主义是一种人生价值准则。它强调祖国的利益高于一切，倡导一种报效祖国、为国家为社会献身的精神。一个人对祖国爱得越深，历史责任感就越强烈，人生目标就越明确，人生信念就越坚定。古往今来，彪炳中华民族史册的，无一不是忠诚的爱国者。他们之所以能做出一番事业，使自己的人生有价值、有意义，根本原因在于对自己的祖国和人民有一颗滚烫的赤子之心。

爱国主义是"创建五好文明"家庭的一项重要原则。我国宪法明文规定："中华人民共和国公民有维护国家统一和全国各民族团结的义务。"又如，宪法第五十四条规定："公民有维护国家的安全、荣誉和利益的义务。不得有危害祖国的安全荣誉和利益的行为。""保卫祖国、抵抗侵略是中华人民共和国每一个公民的神圣职责。"这些法律规定，表明热爱祖国是每一个中国人都应履行的政治责任和法律义务。

在"创建五好文明"家庭活动中，以热爱祖国为荣，以背叛祖国为耻，是一种爱国主义的价值观念，而这种观念是由很多具体的，甚至很细小的行为及其判断而逐渐形成的，这些行为和认识就是家庭的日常生活。爱祖国不是抽象的，而是具体的。祖国的大好河山，自己的骨肉同胞，民族的灿烂文化，是同具体的国家相联系的。我们每个人的发展都是同国家的发展和进步紧密联系在一起的，爱祖国就要心系国家的前途和命运，就要把国家和人民的利益摆在首位，为祖国的独立和富强，为人民的解放和幸福贡献力量。

2

爱护公物，珍惜国家财产

公民道德的好坏，体现着一个民族的精神状态，影响着一个民族事业的兴衰。一个人的言行，往往表现出个人素质的高低，进而影响整个集体的总体素质状况。一个公民是否爱护公共设施,从小处讲可以反映出一个人道德素质的高低,一个家庭家风的好坏;从大处讲也反映了一个国家文明程度及民族素质的高低。

　　在我国吉林省有一所浑江小学,学校不大,只有80张课桌。令人称奇的是这80张课桌,居然是在1949年新中国成立那一年制作的,历经了60年的岁月蹉跎,它们却依然完好如初,整洁如新。在浑江小学,每一个学生都有爱护公物的良好品德。他们爱护公物,爱护课桌,就像珍爱自己的眼睛一样。

在创建"五好文明家庭"活动中,爱护公物,珍惜国家财产是一个人公民素养的表现,是一个人美好心灵的写照;爱护公物,珍惜国家财产能展示一个家庭的人文面貌,显示一个社会的风尚,体现一个民族的素质。

古人云:"勿以善小而不为,勿以恶小而为之。"从小培养自己的社会公德意识是至关重要的。维护良好的家庭秩序,社会秩序,爱护公物是做到这一点的基本行为。我们要像爱护自己私人财产一样爱护公物;要像珍惜自己的身体一样,珍惜公物。

中国社会的和谐,必须建立于各种利益冲突的平衡基础之上,其中,爱护公物,珍惜国家财产,保护各种财产利益的平衡,是建立和谐社会最重要的基本条件。国家财产亦称"国有财产"、"全民财产"。国家所有的财产。在中国,包括国家专有的矿藏、流水等自然资源;依法属于国家的土地、森林、山岭、草原、荒地等自然资源;国有企业事业单位、国家机关经营管理的财产;国家所有的建筑物、铁路、公路等设施;国家所有的历史文物、自然保护区等;国家在国外的财产等。这些都是人民辛勤劳动的成果。社会是一个大家庭,社会里的每一件物品都是公物。爱护公物要从每天的生活做起,从每件小事做起。

　　"若非前世爱上你,就可能来世要继续",在武邑县赵桥镇白吕义村,有一个人尽皆知的爱情故事,男主人公刘会夺为保护国家财产烧成重伤,来自湖北农村的女主人公谭世翠为此感动,跨省越市,决定用自己的真爱呵护丈夫刘会夺一生,她经常拉着丈夫出去与村民们接触,就这样,刘会夺在妻子的点滴爱心里一天天走向阳光。两人的爱情故事也被当地人们传为佳话。

　　10多年前的一天,武邑县赵桥镇白吕义村的刘会夺正值血气方刚的年龄,当公司仓库发生大火,上亿财产即将毁于一旦之际,刘会夺与3名工友奋不顾身跳进仓库抢救国家财产,大火吞噬了4个人的身躯,两名工友不幸遇难,而刘会夺的脸被毁容,头皮也被烧掉一层,身体基本没有了完整的地方。当刘会夺的英雄事迹在报纸上刊登以后,湖北恩施市一个心地善良、性格开朗的农村姑娘被刘会夺的事迹深深感动。根据报纸上的地址,1999年,她给刘会夺写了一封长长的情书,并决定用纯洁的爱情去照顾刘会夺一生,这个湖北姑娘就是刘会夺现在的妻子——谭世翠。

　　当收到谭世翠的信后,刘会夺并没有抱太多希望,因为有好几位姑娘就是因为看到他现在的样子,全被吓跑了。所以他也给谭世翠回了一封信,并将自己的情况如实地告诉了谭世翠,没想到谭世翠看到刘会夺的回信却更加认定了他是一个好男人。

　　在两人的书信来往中,渐渐地两人更加了解了对方,刘会夺在信中也得知,谭世翠小时候因营养不良造成佝偻症,但她却很开朗,没有因此而自暴自弃,而谭世翠鼓励的话语也慢慢点燃了刘会夺对生活的信心。经过一年多的书信来往,两人早已在书信中定下终身。2000年3月份,在全村人的祝福中,谭世翠与刘会夺走进了神圣的婚姻殿堂。

　　在婚后的生活中,看到丈夫情绪有时低落,怕他们未来的孩子看到自己会害怕,怕陌生人看到他后会惊讶,谭世翠对丈夫的反应看在眼里,疼在心里,她经常告诉丈夫说那不是他的错,反而这是他的光荣。她一次一次地含着热泪为丈夫唱电影《鬼丈夫》的主题歌《从不后悔爱上你》,她还经常拉着丈夫出去与村民们接触,就这样,刘会夺在妻子的点滴爱心里一天天走向阳光。

　　2001年,一声婴儿的啼哭让刘家充满了喜气,谭世翠为刘会夺生了一个白白胖胖的儿子,从此,谭世翠与刘会夺的生活过得更幸福美满。儿子在一天天地长大,丈夫刘会夺也一天天在儿子的成长中感觉到责任的重要,他在谭世翠的帮助和乡亲们的友善中重新找到了自我。

谭世翠告诉记者,他们一家现在过得很幸福,丈夫已经走出去重新去打工挣钱养家。她还说她们像《鬼丈夫》主题歌里唱的那样"从不后悔爱上对方"。她与丈夫已经情定三生"前生、今生、来生",不管双方将来变成什么样子,他们都会相爱到永远。

"人无德不立,国无德不兴"。爱护公物是公民社会公德的基本内容。它要求公民关心、爱护和保护国家财产,同一切破坏和浪费公共财物的行为作斗争。爱护公物,就是要爱护国家的财产。因为它是全体人民的共同财富,是许多人经过长期辛勤的劳动换来的果实,关心爱护国家财产是我们每个人应尽的责任。

公共财产是公共的,不属于个人。比如种植树木是为了环境的绿化,为了空气的清新;公用电话亭是为了人们在急需与他人联系的时候有个方便;花园、广场可以让人们有个锻炼的地方,在晚餐后有个散步之地。但有些人却把破坏公共财产当成娱乐,当成一种发泄;有些人干脆把它们搬回家,变公有为私有;有的虽然也是公共的,但是公共的范围却加了限制,成了局部的团体财产。于是,树木有人偷伐,公用电话有人偷摘,花园广场上垃圾随处可见,垃圾桶也被人破坏……其实,国家的公共设施都是国民共同努力的结果,每个劳动人民都有份。破坏公共设施归根到底是在糟蹋我们自己的劳动。到头来,就成了我们拿自己的劳动开玩笑,损坏的是我们自己的财产。所以,在"五好文明家庭"创建中,我们要正确地看待国家的公共财产,珍惜我们的公共财产。让我们携起手来,杜绝损坏公物的行为。爱护公物,从我做起,从小事做起,从身边做起。

3

维护国家形象,展现民族大义

国家形象是一个国家综合国力的具体体现,是民族文化与精神的一种外化,更是一个国家的"软实力"。在复杂的国际合作与竞争中,国家形象有着重要的战略意义。许多国家也正是从这样的高度来认知、打造和提升自己的国家形象的。

国家形象又不仅是政府的事,也是每一个公民的事。作为国家的公民,包括个人、企业以及其他机构等,对维护和提升自己的国家形象,都负有不可推卸的责任。在创建"五好文明家庭"的活动中,我们应该用自己文明的言行举止为国家的形象增光添彩。

任小萍曾是我国驻安巴、纳米比亚大使。早年间任小萍在北京外国语大学学习时是一名工农兵学员,年纪偏大,基础比较差,也不是专门从外语学校上来的学生,所以更要努力。经过四年的风风雨雨,在老师和同学的帮助下,到毕业之后成绩就非常好了。

毕业那年,任小萍进入外交部,被分到英国大使馆做接线员。在很多人眼里,接线员是一个很平凡的工作,然而任小萍在这个普通的工作岗位上做出了不平凡的业绩。她把使馆所有人的名字、电话、工作范围甚至连他们家属的名字都背得滚瓜烂熟。当有些打电话的人不知道该找谁时,她就会多问,尽量帮他(她)准确地找到要找的人。慢慢的,使馆人员有事外出时并不告诉他们的翻译,只是给她打电话,告诉她谁会来电话,请转告什么,等等。不久,有很多公事、私事也开始委托她通知,使她成了全面负责的留言点、大秘书。

有一天，大使竟然跑到电话间，笑眯眯地表扬她，这可是一件破天荒的事。结果没多久，她就因工作出色而被破格调去给英国某大报记者处做翻译。该报的首席记者是个名气很大的老太太，得过战地勋章，授过勋爵，本事大，脾气暴，甚至把前任翻译给赶跑了。刚开始时她也不接受任小萍，看不上她的资历，后来才勉强同意一试。结果一年后，老太太逢人就说："我的翻译比你的好上 10 倍。"不久，工作出色的任小萍又被破例调到美国驻华联络处，她干得同样出色，不久即获外交部嘉奖。

一般来说，在国外，一个国家的形象良好，其国民给人第一印象大抵就会不错，受到人们尊敬；国民给人印象不错，赢得他人尊重，其国家形象也会因此而提升。反之亦然。这表明，国家与个人紧密相关，个人形象影响着国家形象。

国家形象虽然比较抽象，但影响国家形象的因子却多是具体的，甚至是细微的。事实上，从国民个人的一言一行，到企业、机构等对外经贸往来的一举一动，乃至一件出口商品质量的优劣，都影响着人们对一个国家的形象的认知与评价。"国家形象"作为反映在媒介和人们心理中的对于一个国家及其民众的历史、现实，政治、经济、文化、生活方式以及价值观的综合印象，"是国家的外部公众和内部公众对国家本身、国家行为、国家的各项活动及其成果所给予的总的评价和认定"，其中既包含着对于国家的认识，同时也包含着理性评价和感性态度，具有极大的影响力、凝聚力，是一个国家整体实力的体现。

一位云南农民因持续 30 年的"保滇行动"入选国家形象片。他就是滇池卫士张正祥，一个对滇池爱到骨髓的普通农民。2009 年"感动中国"年度人物对他的评语是——他把生命和滇池紧紧地绑在了一起。他走入了在美国播出的国家形象片，成了中国的"形象代表"。

1962 年，14 岁的张正祥回到富善村，在滇池边上打鱼为生。19 岁当上生产队长，他给村民立下规矩，不许在滇池里洗衣，倾倒污染物，不许砍山上的树木。张正祥真正走上"保滇"之路是在上世纪 80 年代。滇池四面环山，西部和南面的群山紧靠水面,恰在这里蕴藏着丰富的磷矿和石灰石,而且埋藏浅、品位高。1982年开始,西山出现了很多采石场和矿场。在张正祥的记忆中,当时每天都有很多树木被砍,轰隆隆的机器声晚上都轰鸣不停。"地动山摇的,西山被挖得坑坑洼洼,灰尘漫天飞扬,最多时有四十多个采矿点。著名景点'睡美人'脖子后挖出了一个大坑,只要再将前面一个山丘挖掉,'睡美人'就要成'无头鬼'了。"看着郁郁葱葱的西山逐渐变成濯濯童山,张正祥只能干着急。更可气的是,这些采石场往往是一查就关,一走又开。他实在憋不住了,卖了自家的养猪场,再次住到西山上当了护林志愿者。附近的村民常见他骑着辆破自行车东奔西跑,渴了就喝一口山沟里的水。30年间,他累计投入200万元,至今仍欠着20多万元外债。"说来惭愧,债主都是我最好的朋友,他们也知道我欠的钱是不可能追回了。"如今他逐渐进入"癫狂"状态——发现盗伐者如果劝说无效,他就堵断盗伐者经常出入的山路,夜间用石块袭击,提着大刀追赶,在山路设置荆棘和石块作为路障。他不知与盗伐者进行过多少次搏斗,有一次左大腿被斧头砍开一道大口子,至今伤疤还隐隐作痛。"有人骂我是疯子,那只是口头警告,算最轻的了。"他笑笑说。

"我是有'尚方宝剑'的人。"尽管如今无头衔无收入,张正祥还是这样自称。对于此次成为国家形象片中代表中国的"大人物",他把这份荣誉看得和生命一样重要。"我没有后悔过。保护滇池的行动不可能停下来,除非我死了。如果不停下来,至少你还有一个好名声。你一停下来,好人也说你坏,坏人也说你坏,我这辈子就完了。"

在全球化大背景下,在中国正在成为一个世界性大国的进程中,"国家形象"已经并仍将成为中国政治、经济、文化乃至每一个中国人必然遭遇的现实问题。国家形象,既包含特定国家在国内的形象也包括其国际形象,在全球信息和市场流通的前提下,国家的国际形象和国内形象之间往往互相参照、相互影响、相互作用,不仅深刻地影响到本民族每个个体对国家共同体的认知、认同,从而影响到民族凝聚力和归属感,而且也复杂地影响到其他国家和民族对于中国政府、民众以及所有中国的精神信息和物质产品的接受和评价,从而影响并决定着中国和中国人在世界上的地位。

随着中国的不断发展,尽管中国的国际形象在不断提升,但在不少方面也时有发生一些给国家形象抹黑的事情。比如,出国旅游时,不少国人在公共场合大声喧哗、不守秩序不排队、不良的卫生习惯等陋习,就一直为世人所诟病。再比如,有的企业生产的一些质量不过关的产品,甚至是一些假冒伪劣产品,令一些外国顾客失望。等等。这些都影响着我们良好国家形象的进一步提升。有人说,确立一个国家的声望需要多年时间,失去声望却只需要几分钟。这个说法未必准确但确从一个侧面说明了国家形象的成难毁易。也正因此,国家形象需要我们倍加珍惜,不因一己之失而伤大义。

所以说,国家形象,人人有责。建立一个良好的国家形象,不仅仅是国家所要做的事情,更是需要每一个中国公民日常点滴中形成与努力的。创建"五好文明家庭"活动中,让我们从自己的言行举止做出榜样,共创美好的中国新形象。

4

知法懂法,积极学习法律知识

发展和完善社会主义法制对社会主义精神文明的建设具有重要意义。我国 1982 年宪法序言中规定,"今后国家的根本任务是集中力量进行社会主义现代化建设……把我国建设成为高度文明、高度民主的社会主义国家。"因此,在创建"五好文明家庭"中要知法懂法,积极学习法律知识。

　　家庭是社会的细胞,是促进社会和谐稳定的重要因素。2010 年 8 月 6 日上午,玄武区妇联举办"家庭学法"知识竞赛活动,全区的六个街道推选出六个家庭代表参加了此次竞赛活动,紫鑫城社区的一个家庭作为锁金村街道代表参与了其中。玄武区妇联方志秀主席要求大家以"家庭学法"为切入点,充分发挥妇联的组织网络优势和广大妇女在家庭建设中的重要作用,增强家庭成员的法制观念和法律意识,建立家庭法制宣传教育的长效机制,组织动员广大家庭参与营造良好的社会治安环境,共同维护社会稳定。竞赛活动以宣传《中华人民共和国道路交通安全法》等法律法规为主要内容,以提高妇女儿童对交通安全法律法规的认识。竞赛分为两个考场进行,家长们一个考场、孩子们一个考场。此次竞赛活动激发了全社会的家庭共同学法、懂法、守法、用法,推进和谐社会的建设,努力从多角度全方位倡导关心妇女儿童事业的社会氛围,营造"妇儿安,社会安"的祥和社会环境。

文明与法律都是历史发展的产物,法律一经产生后,就与文明并行发展,每一社会形态中的文明和法律的性质都取决于一定的社会制度、生产方式。奴隶制、封建制、资本主义和社会主义四种文明和法律是相互适应的。人类改造社会的成果中包括新的经济、政治、法律等制度,以及与这些制度相适应的不同社会关系(在阶级社会中,主要体现为阶级关系)。经济制度构成社会的经济基础;政治、法律等制度对相应的思想意识则是建立在这一经济基础之上的上层建筑。我国社会主义法律虽然从本质上来说是工人阶级领导的全体人民意志的体现,是人民自己手中的工具和武器,而且,在制定过程中,立法者也尽量注意到使法律通俗易懂。但是任何公民要真正能做到知法懂法,也还是要经过较长时间的努力学习。随着我国社会主义法制建设工作的不断深入,国家颁布的法律的数量越来越多,人们不是轻而易举就能掌握的,而且法律条文里边包含的社会科学等方面的知识也比较丰富,因此给学法者理解方面也带来了一定困难。因此,人们要更好地做到知法、懂法,就非得尽可能地掌握法律里所包含的丰富的科学知识,弄明白有关的术语、词汇的基本意思不可,而要做到这一点,没有别的途径,只有花费一定的时间和精力去认真学习。

学法才能培养社会主义法律意识。法律意识也称法律观,它是人们关于法律的情感、信念、观点和思想等的总称。社会主义法律意识,是一种崭新的无产阶级的法律意识。作为社会主义国家的公民,除了应该具有忠于祖国和人民,贯彻执行党和国家的方针、政策,积极投身改革,努力为国家做贡献的政治意识外,还应该逐渐培养自己的社会主义法律意识,这也是非常重要的。公民的社会主义法律意识提高了,他们热爱和拥护我国现行法律的情感,信念才能加深,并且由自发上升到自觉。他们对我国现行法律的一些基本问题的认识,也才能逐步科学化、系统化,同时,他们用法律维护自己的合法权益,规范自己在劳动、工作、生活中的所作所为,同违法现象作斗争,以及遵守法律,保证法律实施等观念,也才能不断增强。这不仅对保护国家、集体和公民个人的合法利益,巩固安定的社会秩序,而且对维护社会主义法律的尊严和权威,都具有巨大意义。

在古城黄州,有这样一个家庭,他们夫妻恩爱、互相扶携、尊老爱幼、热心助人,他们用生活工作中平平凡凡的事、点点滴滴的情诠释了家作为爱的港湾的真谛,受到单位、邻居的一致好评,他们就是黄州区人民检察院干警陈小兵的一家。

和其他所有幸福的家庭一样,陈小兵一家用辛勤的双手悉心经营着一个三世同堂之家:年迈的父亲、夫妻二人和独生女儿。十几年来的家庭生活中,他们互敬互爱,互相帮助,互相体谅,相濡以沫;在工作上,陈小兵一贯踏实肯干,倾心敬业,勇挑重担,很好地处理了工作和家庭生活之间的矛盾,曾多次被评为院"先进工作者",其妻子也被评为"优秀检嫂",他用纯朴、诚实、勤奋的美德唱响了工作生活三部曲。

追求进步是家庭的主旋律。他和爱人工作不同,岗位有异,但他们夫妻对事业和生活都有着积极向上的追求,对各自兢兢业业的工作精神都很理解,并相互支持。作为一名法警,除了做好自己的本职工作外,他还酷爱学习,对知识孜孜以求、刻苦钻研,始终保持着积极的进取精神,激励自己既要保持一颗进取心，创造多姿多彩的人生，又要保持一颗平常心，淡泊名利，扎扎实实做事，本本分分做人。入院十几年来，他一直在基层科室工作，从未有过任何怨言。记得有一年，为了调查一件要案，寻找案件关键人物，他每天都是日落而出，日出而归；别的办案人员可以轮换休息，但作为法警，在短短的十几天时间里，他每一天的时间都被工作安排得满满的，累计加班 40 多个小时，这期间他爱人包揽了所有家务，给予全力的安抚和支持，使他们科以骄人的成绩完成了这项任务。由于科室人员较少，除了干好本职工作外，他还积极协助领导工作，主动参与办案。有一次，在院领导的亲自指导下，他主办了一件单位涉嫌滥用职权案。为了办好此案，他除认真仔细询问调查外，每日还翻阅大量书籍，整理案卷，书写材料；功夫不负有心人，半月下来，他向领导和单位上交了一份完美的答卷。有人说：小兵，你是法警，多一事不如少一事，他笑一笑，不为所答；人，毕竟是有追求的，安于现状，人何以进步，国家何以繁荣！目前社会上普遍存在着一种错误认识，认为腐败是当官者的事情，与普通老百姓无关，其实，作为家庭成员，只要从事某种工作，就会面临公共利益和个人私利之间的矛盾。因此，学法守法是公民义不容辞的职责。妻贤夫祸少，夫廉妻得益。生活中他们夫妻二人勤俭持家，不铺张浪费，订阅报纸杂志开展家庭助廉警示教育，牢记做人之本，构建和谐之家。

奉献是家庭的协奏曲。家庭的幸福靠大家的努力和奉献，好事多谦让，困难共分担。遇到家人亲戚看病、有难等大事，陈小兵夫妇总是热情帮助，慷慨解囊，对待邻里更是倾心相助。三年前，同住陈小兵一个单元楼中的一位老同志的老伴深夜突然中风，儿女都不在身边，听到楼下慌乱之声，陈小兵不顾夜深天冷，迅速冲到楼下，面对触手无策的老人，赶紧将他老伴送到医院，帮他安顿好一切之后，回家已是天明。事后，这位老同志一再感谢，幸亏送医院及时，否则，后果不堪设想。

平凡是家庭的进行曲。生活是平凡的，结婚多年来，陈小兵与邻居和睦相处，经常主动清扫楼道，热心参加公益活动，作为普通百姓,他始终保持一颗平常心,不盲目攀比,不心浮气躁,在平凡中感受欢乐,构筑家庭文化,营造良好的家庭风气,扎扎实实把日子过好。

家庭是组成社会的细胞,如果一个国家的大多数家庭不和睦,那么,这个国家自然也说不上安定、团结、兴国安邦。作为每一个家庭成员,都要心胸开阔,不去计较小事,相互关心,体谅对方,这样家庭才会和和美美。因此,我们每个人、每个家庭都应该像陈小兵家一样积极向上,为争创幸福文明的家庭而努力。

在创建"五好文明家庭"中,学法是做到守法的必要前提。大家知道,社会上经常发生一般违法行为和犯罪行为。出现这种情况的原因是多方面的,其中很重要的一条,就是许多人从来不学习国家各项法律,因而也就根本不知法、不懂法,违了法甚至犯了罪,自己还不知道究竟。例如,伤害自己的孩子,砍伐国家森林,滥捕乱杀飞禽走兽,私拆别人信件,偷听别人电话,虐待迫害部属等等类似的违法犯罪现象,却不认为是违法犯罪的人不在少数。可见,不学习国家法律,没有法律常识的人,就不会有自觉守法的观念,就难免做出违法以至犯罪的事情来。

所以,我们要想做一个知法、懂法、自觉守法的好公民,必须要学习法律常识,把学法、增强守法观念列入自己的议事日程,作为创建"五好文明家庭"活动中一项不可缺少的内容。

5

自律自警,建设遵纪守法的好家庭

当社会公平遭遇挑战时,如果没有法律,社会就会失去准绳;如果不公正的执行法律,社会公平就会失去保障,因此,尊崇法律是文明社会性的标志。创建"五好文明家庭"要克服各种不文明、不健康的生活方式,不做违法乱纪的事。

法治是人类文明进步的重要标志,是以和平理性的方式解决社会矛盾的最佳途径,也是实现国家长治久安、促进社会和谐的必要手段和保障。建设遵纪守法的好家庭,必须时时处处以和谐的理念、和谐的标准、和谐的方式,以法治的精神、法治的信仰、法治的追求,最大限度地激发社会创造活力,最大限度地增加和谐因素,最大限度地减少不和谐因素。只有依法行事,才有和谐;有法不依,违法不究,何来社会和谐? 又何来国家的长治久安?

2010 年 10 月白云街计生协在辖内东山水恋广场举办了纪念《公开信》发表 30 周年的人口计生政策法规宣传咨询服务活动。营造了"和谐人口,幸福家庭"良好的人文环境,受到了广大群众的一致好评。本次活动的主题为"倡导学法守法,促进家庭幸福",围绕这个主题计生协组织了形式多样的活动。有政策法规咨询,通过派发宣传单张等方式将《新条例》、独生子女奖励等近期的热点政策化繁为简进行讲解;有优生优育咨询,为新婚及孕期群众介绍我区的免费婚检及预防出生筛查项目;还有健康咨询,邀请社区卫生服务中心的专家坐镇为居民提供健康养生的建议。而人气最旺的莫过于计生知识有奖问答活动。抽题回答正确,再抽奖品,大大增加了活动的趣味性及刺激性。居民群众踊跃参与,即便是短时的阵雨也不能浇灭大家的热情。本次活动共派发宣传单张 200 多份,接受咨询 20 人次,发放药具 100 盒。为第六次人口普查做好了宣传铺垫,同时也是一次成功的"优质服务下社区"活动。

法律是在一定社会条件下形成的、一种集体成员必须遵守的规章、条例的总和,是要求人们在集体生活中遵守秩序、执行命令和履行职责的一种行为规则。法律具有社会性、历史性,阶级性和强制性的特点。俗话说:没有规矩就不成方圆。建设遵纪守法的好家庭要用自律自警来严格要求自己。做到自重、自省、自警、自励,反对官僚主义,反对任何滥用职权、谋求私利的不正之风。每个人都应当把"四自"作为自己的座右铭,随时提醒自己,鞭策自己。

第一、自重。就是在实践中,尊重自己的人格,注意自己的言行,珍惜自己的名誉,待人接物做到与自己身份相吻合,不失之轻浮。对家庭成员来说,就是要增强责任感和使命感,待人处事的方式和态度要与自己的身份相称。自重的人,既不狂妄自大,也不自轻自贱,能够遵守社会倡导的行为规范,注重维护自己的形象。在人际交往中,既能够尊重别人,也不低三下四。自重是人的一种思想品格,与人的知识修养、道德品质有密切的联系。最重要的,就是要增强责任感和使命感,正确对待权力和正确使用权力,要把党和人民赋予的权力用来为人民服务,而不能用来牟取私利,凡是要求别人做到的,自己首先要做到,禁止别人做的,自己坚决不做,如果与这些要求相反,表现轻浮、庸俗,甚至贪赃枉法,做出与这一身份不相符合的事情,那就是不自重。

第二、自省。就是自己反省、检查自己,看自己有没有与党的宗旨、纪律以及法律的要求不相符合的言行,就是进行严格的自我批评、自我剖析,找出自己的缺点、错误和不足,采取措施,克服缺点,纠正错误,弥补不足,向更高的目标努力。坚持反省,可以提高政治上、思想上的自律,防止小错不改酿成大错。人需时时自省。自省作为个人修养的一种方法,就是我们通常讲的自我批评。自我批评作为一种修养方法,它要求我们每一家庭成员时刻用高标准来反省自己的行为,检讨自己的工作,规范自己的言行。自省,如同将一面清晰的镜子放在面前,照出身最为丑陋的部分。要勇于坚持真理,善于改正错误。

第三、自警。就是对自己的思想和言行要有高度的警觉,要对可能出现的错误防微杜渐,防患于未然。在改革开放和社会主义市场经济条件下,家庭成员面临着物质利益、名誉地位的考验,面临着不良的世界观、人生观、价值观的影响,要时刻自警,自己给自己敲警钟,时刻提醒自己不要违背党的政治原则、党纪国法和思想道德。

第四、自励。就是自己鼓励、激励自己前进。做到自强不息,奋发向上。当工作顺利时,要激励自己不满足于现状,不甘于平庸,不甘居中游,要更上一层楼,作一流的工作,创一流的业绩。在遇到困难时,要勉励自己不退缩，不泄气，开拓进取，迎难而上。在逆境中，要鼓励自己不气馁，不丧失原则，不向错误低头，不随波逐流。在挫折面前不灰心，认真总结经验教训，爬起来继续干。在自励中培养自己坚忍不拔、自强不息、积极进取、百折不挠的品格。

国有国法，党有党纪，家有家规。在我国优秀的文化传统里，有这样一句话，"修身齐家治国平天下"，它表达了一种递进的关系。先是修身，也就是提高个人的道德修养。很难设想，一个对父母不孝、对配偶不忠、对子女不负责任的人能是个好领导；再是齐家，也就是处理好家庭内部关系、保证每位家庭成员不出大的问题。在此基础上，才能有充足的条件和充沛的精力去搞好"五好文明家庭"创建。

6

乐于助人，热心社会公益事业

孔子曰："大道之行也，天下为公，选贤与能，讲信修睦。故人不独亲其亲，不独子其子；使老有所终，壮有所用，幼有所长；矜、寡、孤、独、废疾者，皆有所养；男有分，女有归。货恶其弃于地也，不必藏于己；力恶其不出于身也，而不为己。是故谋闭而不兴，盗窃乱贼而不作，故外户而不闭。是谓大同。"大同精神其实就是一种乐于助人，热心社会公益事业的精神。公益是指有关社会公众的福祉和利益。关心公益事业的最基本表现是助人为乐。助人为乐是出于单纯和善良的动机，而不是为了受表扬。在建设和谐社会，创建"五好文明家庭"的活动中我们要怀着一颗博爱的心，做好自己的每一件事，关心身边的每一个人。

鳌江水深社区共产党员罗经顺是一个热心于公益事业的退

休干部；他是参与社会各项公益活动、乐于助人的热心人。他就是鳌江镇水深社区一位值得称赞的共产党员罗经顺。

2009年，经镇有关部门的批准，在水深社区协助下，罗经顺和几位老干部一起努力把埕乐路一块本是杂草丛生、垃圾成堆的空地建成了一座休闲娱乐的活动场所。建设这块绿地所需的10万多元资金是罗经顺和他的同伴们几番努力，克服种种困难筹集而得。如今的水深社区居民身居其中，享受文体活动的快乐，不亦乐乎！

2010年上半年，罗经顺又和几位居民代表协助水深社区再次挨家挨户，集资7万多元，把育英幼儿园边上的一块三角地建成了健身活动场所。过去，这块荒地又脏又臭，每天倒满生活和建筑垃圾，给周边居民群众的生活带来诸多不便，并且严重影响居民的身体健康。罗经顺又一次站了出来，自发成立了党员服务小组，团结居民，义无反顾，把这块荒地变成一处休闲健身的好去处。在这两次集资中，老罗慷慨解囊共出资2000多元。为了保持活动场所的卫生，罗经顺每天早早起来修剪花草，打扫清洁卫生，让温馨的气息、祥和的气氛弥漫在这块绿地上。

退休后的罗经顺既是水深社区居民代表，又是鳌江商业城的业主委员，他曾经帮助商业城解决诸多问题，在商业城也是个众所周知的热心人。同时他首批参加了鳌江"施粥亭"善事工作，发动爱心人士捐资，其本人又出资1000元。老罗既热心又有爱心，他和夫人叶老师曾多次帮助失学儿童重返校园。据了解，他们目前还在资助几位贫困生，而二老自己却过着清贫的生活。

乐于助人，积极向上的罗经顺还时时不忘给自己充电，闲暇的时候就读书看报，积极参加老年大学学习，每天在充实自己，完善自我。他经常说："作为一名共产党员，要履行自己应尽的义务和职责，并且在为人民服务中体现自身的价值。在人生的道路上我会一直义无反顾地坚持下去，为群众做更多的好事。"这就是罗经顺，一个值得我们表扬的身边好人。

公益从字面的意思来看呢是为了公众的利益,它的实质应该说是社会财富的再次分配。公益精神就是愿意为改善"公域"部分而奉献努力的精神。社会公益事业是中国优良传统的延续,是构建社会主义和谐社会的内在要求。

公益活动是指一定的组织或个人向社会捐赠财物,时间,精力和知识等活动。公益活动的内容包括社区服务,环境保护,知识传播,公共福利,帮助他人,社会援助,社会治安,紧急援助,青年服务,慈善,社团活动,专业服务,文化艺术活动,国际合作,等等。现代的公益,是人人参与的公益,不管是个人还是集体,人们通过各种公益活动、公益基金、公益网站等途径,通过直接参与、捐赠、公益广告、公益歌曲等方式参与到公益中来。在中国古代,倡导日行一善,就是每天做一些我们力所能及的事情,帮助更多的人,让社会更加美好和谐。公益事业有固定性和非固定性的。像"希望工程"、社会福利活动、"春蕾计划"(救助失学儿童)等是相对固定的公益事业;像为得病的人募捐、支援灾民、救助遭受不幸的家庭等是非固定的公益事业。

美丽的吉林石人山下,有一处环境优美、干净整洁的农家大院,每天早晨5时,广播体操的音乐准时响起,附近的中老年人纷纷前来参加晨练。到了晚上6时,男女老少又来这里扭秧歌,参加露天舞会。这里就是位于吉林市龙潭区大口钦镇的由高淑琴在自家办的农家文化大院,当地居民亲切地称她为"高老根"。

几年前,热心公益的高淑琴看到镇里缺少文化设施,出资10多万元,把自家闲置的大院空房改建成文化活动室、棋牌室、图书室、舞厅和露天活动场地,又添置了活动设备,她还组办了大秧歌、晨练、舞蹈、文艺演出等活动,引进了二人转培训班项目。在高淑琴农家文化大院,白天有藏书千余册的图书室免费对外开放,高淑琴还自费订购了十几种报纸杂志。此外,中老年人可以在8个活动房间内免费玩扑克、棋类、纸牌、麻将。2004年9月,龙潭区"农行杯"文化大院活动,在高淑琴文化大院举办,全区8个乡镇共计30余个优秀节目,在此展演。同年,高淑琴的文化大院被文化部、全国妇联命名为"全国美德在农家示范点"。

乐于助人,热心社会公益事业是一种朴实的传统美德。每个人都有遇到困难的时候,最需要的是别人给予的帮助。如果人人都献出一点爱,将不再会看到别人得不到帮助时焦急的脸庞。我们既要无私奉献,乐于助人,更要利益大众,造福人类! 这是人生的最高境界!

7

讲究文明礼貌,遵守社会公德

文明礼貌是社会意识形态的一部分,它反映着一个国家、一个地区、一个民族的经济和社会发展状况。文明礼貌也是我们今天继承下来的一种传统美德。在现实生活中,在各行各业都能得到充分体现,并以之作为人们的行为准则,严格规范自己的行动,有利于经济工作的开展和社会风气朝着良性方面发展。讲究文明礼貌,遵守社会公德是建设和谐社会的内在要求。在创建五好文明家庭活动中把讲究文明礼貌,遵守社会公德放在更加突出的地位加以强调和推动,对于进一步加强社会主义精神文明建设将产生积极的影响。

礼貌,是人际交往中,相互之间表示尊重和友好的言行方式和规范的总称。对于不同的对象,有不同的礼貌;在不同的场合,也有不同的礼貌——一个人只要同别人交往,就不能不讲礼貌。礼貌是人类文明的一个标志。正如《晏子春秋》所说:"凡人之所以贵于禽兽者,以有礼也。"礼貌是保持良好的人际关系,维护正常的社会秩序,保证和促进社会经济政治文化顺利发展所必需的"润滑剂"、"凝聚剂"、"调节器"。我国素有"礼仪之邦"的美誉,讲究文明礼貌是我们民族的优良传统。

礼貌虽然是人际交往中外在的表现,但它与人的文化修养、道德水平、文明程度密切相关。礼貌是文化和道德修养之表,文化和道德修养是礼貌之里。表里相依,密不可分,相辅相成。讲文化,讲道德,有助于讲礼貌;而讲礼貌,又有助于提高文化、道德修养。孔子主张"道之以德,齐之以礼",就是说道德教育和礼貌教育对于提高人的文明程度都是不可缺少的。一个人、一个单位、一个国家的礼貌水平如何,往往反映了这个人、这个单位、这个国家的文化水平、道德水平、文明水平。

社会公德就是人们在社会生活和活动中应当遵循的一种社会规范。自古以来,任何一个国家都有社会公德要求来维护民族团结、社会安定,促进社会进步。一旦社会公德被破坏,必然导致人们行为失范、社会混乱,最终受害的还是广大老百姓。在社会主义条件下,人民内部没有根本对立的利益冲突,社会公德有可能成为全社会统一的道德规范,并为全体人民所接受。在我国,爱祖国、爱人民、爱劳动、爱科学、爱社会主义,是基本的社会公德。我国宪法还明确规定,遵守社会公德是一切公民的义务,违反社会公德,轻的要进行批评教育;重的如破坏公共秩序、扰乱社会治安的要绳之以法。

钱玉珍家住天津市杭州道文安里社区,是一名社区志愿者。从事了一辈子教育工作的钱玉珍,对孩子有一种与生俱来的爱。她虽然退休在家,心却一直与孩子们在一起,为方便与孩子们的交流,她腾出自己的一套住房,创办"家庭学堂"。

在日常学习中,钱玉珍向孩子们讲述历史,培养品德,并以身作则为孩子们树榜样。钱玉珍所在的文安里小区,经常出现一些居民随手乱扔垃圾的现象。钱玉珍想,这些不良行为既破坏了环境,又对孩子产生不良影响。于是,她带着小孙女主动收捡小区绿地中的垃圾。祖孙两人的行动感召着更多的人,寒暑假和节日放假,小区内的20多名中、小学生在钱玉珍的带领下成立了"绿色环保小卫士"分队。小分队的孩子最大的12岁,最小的才3岁。他们在小区捡垃圾,定期为小区的花草树木浇水,小区的环境卫生变得更加干净整洁。2004年,文安里社区成立了"未成年人德育校外课堂",钱玉珍被聘为校外课堂辅导员。她经常带领社区未成年人为孤老户打扫卫生、表演节目,帮助老人采购食品;她还利用兴趣绘画小组学生的特长,举办了环保绘画作品展览。

　　钱玉珍的"家庭学堂"知名度越来越高，吸引了越来越多的青少年，很多其他小区的孩子们也慕名而来，原来只有15名固定学生的"小课堂"发展成为百余人的"大课堂"，他们定期在这里学科技、讲法律、说公德。很多学生家长放心地把孩子放在这里，他们都亲切地称钱玉珍老师为"钱奶奶"。几年下来，"家庭学堂"的孩子换了一批又一批，当年的孩子现在有的已经念了初中，可在"家庭学堂"受到的教育却使他们一直受用，他们现在还会回来看看曾经带给他们欢乐、受过教育的成长园地和他们的钱奶奶。

遵守社会公德是利国、利民、利己的好事。如果认为讲公德吃亏，大家都只顾自己，吃亏的将是所有的人，也包括自己。比如，在一个居民小区里，你也乱倒垃圾，我也乱倒垃圾，弄得臭气熏天，蚊蝇孳生，闻臭味的是所有的住户，带着细菌、病毒的蚊蝇也不会选择窗户。如果大家都保护环境卫生，受益的是每家每户；如果有一家只顾自己，这家就成了害群之马。此外，我们还应想到，一个人如果从小自私自利，只顾自己，不顾社会，不顾他人，这个人能在社会上立足吗？哪个群体里欢迎这样的人？凡是有人群的地方，对自私自利都嗤之以鼻。对于个人来说，是否讲社会公德，关系到他是否能建立良好的人际关系，是否能获得满意的社会角色地位，从而必然影响他的身心发展和事业发展。因此，在创建"五好文明家庭"活动中，要从小养成遵守社会公德的良好品质。

8

诚实守信，真诚待人，建设诚信家庭

守信，就是讲信用，讲信誉，信守承诺，忠实于自己承担的义务，答应了别人的事一定要去做。忠诚地履行自己承担的义务是每一个现代公民应有的职业品质。"诚者，天之道也；思诚者，人之道也。"讲诚信，是中华民族的传统美德，也是做人的基本素养和起码的道德良知。一言九鼎，金口玉言，一言既出、驷马难追……这些数不胜数的格言警句和成语典故，无不告诉我们一个基本的人生道理：诚信乃做人之本。讲诚信，既是对他人的尊重，也是对自己人格的维护。

《韩非子》里有个故事说，曾子的妻子要到集市上去，她的儿子跟在后面哭着要跟去。母亲就哄她说："你回去吧，等我回来以后，给你宰一头猪吃。"妻子从市集上回来了，曾子要杀猪。妻劝阻他说，只不过跟小娃儿开个玩笑罢了！曾子说："小孩子可不能跟他开玩笑啊。小孩很幼稚，处处向父母学习，听父母的教育。现在你欺骗他，这就是教孩子撒谎。做父母的欺骗孩子，孩子就不会相信父母，因此，这不是教育孩子诚实的方法啊。"于是就把猪杀了，煮给儿子吃。

十七大报告中提到，要以增强诚信意识为重点，创造良好的社会环境，要加强家庭美德建设。一家"诚"不立，一国哪来"信"。家长不"诚"，孩子们不"信"，"家庭美德"的建设肯定是空中楼阁，家庭的诚信做不到，社会这个大家庭的诚信的实现也只能是海市蜃楼了。

在"五好文明家庭"创建中，要把"诚实守信"融入到职业道德的各个领域和各个方面，使各行各业的从业人员，都能在各自的职业中，培养诚实守信的观念，忠诚于自己从事的职业，信守自己的承诺。从经济生活来看，"诚实守信"是经济秩序的基石，是企业的"立身之本"和一种"无形的资产"；从政治道德来看，"诚实守信"是一种极其重要的"品性"，是"政治意识"和"责任意识"的体现，是一个从政者必须具有的"道德品性"和"政治素质"；从人际关系来看，"诚实守信"是人和人在社会交往中最根本的道德规范，也是一个人最主要的道德品质，人们在交往中，相互信任是相处的基础，其关键就在于"诚实守信"。

春节到了，农民工最大盼望就是得到自己的血汗钱。春节前发工钱，是孙水林对农民的承诺，这承诺他坚守了20年，孙水林打算和弟弟孙东林回到武汉把钱发到工人手上，但是在天津到武汉的高速路会因雨雪封路,他着急了,连从银行里取出26万元现金带上妻子和三个儿女赶回武汉。在路上,由于路上结冰,孙水林一家五口发生了重大车祸,不幸遇难。当弟弟孙东林得知这件事后。马上开车沿途寻找,最后在河南兰考县人民医院太平间里找到了哥哥及其他家人的遗体,哥哥留下了26万元,这是农民工的工钱,是先把哥哥的后事办了,还是先完成哥哥的遗愿。孙家人经过商量后,决定先帮哥哥孙水林完成遗愿。于是,孙东林把26万元的农民工资给了那些农民工。

诚实会让人们加倍快乐和开心。在2010年的春节因两建筑商兄弟而显得格外温和惋惜,坚守承诺的优秀人格在兄弟俩身上得到最大限度的宣扬。俗话说,一个人只要活得有诚实有信用,就等于有了一大笔的财富。

诚信二字,重比泰山。诚信自古即为修身立国之根本,也是人安身立命之基础、道德修养的必备要义。一个人的诚信,是他为人处世中道德水准高的基本标志。契约精神的核心就是诚信,就是说到做到。什么都可以变,唯有契约精神不能变。也许有时候,为了履行契约,我们要作出牺牲,但是我们获得的是别人的信任和尊重,获得的是个人的良好信誉,而这些则是用金钱无法买到的。也只有树立了个人的良好信誉,获得了别人的信任和尊重,我们才可以在这个社会上生活得更好,才会在工作中获得更大的成就。

2006年初开始,延吉市妇联创新特色文明家庭工作品牌,将诚信建设延伸到家庭,开启了"诚信家庭"创建工程,教育引导广大家庭成员,在日常生活及社会活动中大力弘扬诚实守信的中华民族传统美德,以家庭诚信促进社会诚信。为提升"诚信家庭"创建活动水平,促进社会的文明进步,自5月份以来,延吉市妇联以"诚信、发展、和谐"为主题,在全市开展了"诚信家庭"文化节系列活动。文化节活动由诚信文化宣传、百户"诚信家庭"评选表彰、家庭才艺展示大赛和"诚信家庭"文化节文艺晚会四部分组成。文化节活动得到了延吉市广大市民的积极响应和大力支持,近万户家庭参与了才艺展示活动。文化节的举办活跃了延吉诚信文化，丰富了市民生活，促进了诚信延吉的建设。7月28日，延边电视台演播大厅内，在延吉市"诚信家庭"文化节文艺晚会上，全市100户"诚信家庭"受到了表彰，专业团体和"诚信家庭"代表的精彩表演，赢得了现场观众的阵阵掌声，在配乐诗朗诵《诚信颂》的悠扬旋律中，"诚信家庭"文化节圆满结束。今后，各级妇联组织将强化社会宣传和典型宣传，提升诚信家庭的信誉度，扩大诚信家庭的知名度，激励和引导广大家庭成员，诚信务实，锐意进取，奋发向上，努力树立"人人是诚信之人"的社会理念，营造"家家是诚信之家"的良好氛围，让诚信之花在边城延吉绚丽绽放！

"诚实守信"是人和人之间正常交往、社会生活能够稳定、经济秩序得以保持和发展的重要力量。对一个人来说，"诚实守信"既是一种道德品质和道德信念，也是每个公民的道德责任，更是一种崇高的"人格力量"。无论在生活中，还是工作中，不讲究诚信，都将被人们所唾弃。面对诱惑，不怦然心动，不为其所惑，虽平淡如行云，质朴如流水，却能让人领略到一种山高海深。这是一种闪光的品格——重信誉讲诚信的契约精神。诚信，是人与人交往中必需履行的传统美德，更是现代社会构建和谐的重要原则。

诚实守信是创建"五好文明家庭"的需要，人人都应以诚实守信为荣。党的十六大在阐述加强思想道德建设时提出，要"弘扬爱国主义精神，以为人民服务为核心，以集体主义为原则，以诚实守信为重点，加强社会公德、职业道德和家庭美德教育"，党的十六届三中全会通过的《中共中央关于完善社会主义市场经济体制若干问题的决定》中也指出："增强全社会的信用意识，政府、企事业单位和个人都要把诚实守信作为基本行为准则。"明确提出在道德建设中要以"诚实守信为重点"的指导思想，这是对我国当前精神文明建设和思想道德建设的一个重要论断，是针对公民道德建设的实际情况和问题而得出的一个有针对性的结论。

第三章 "五好文明家庭"之"学习进取,爱岗敬业好"

爱岗敬业是家庭幸福的基础,是家庭生活的主要经济来源。任何一个追求幸福和谐的员工都要爱岗敬业才能做好工作。爱岗敬业是一种不朽的精神,它需要我们大家用实际行动来共同弘扬!爱岗敬业是我们做好工作的立足点和基本点。爱岗敬业不是一句口号,更不是一句空话,它是需要我们每个人用行动去践行的职业操守。爱岗敬业体现在我们每一个平凡的工作日,体现在每一个普通的岗位上。

1

热爱学习,营造家庭良好的学习氛围

学习是人类永恒的课题。一个爱学习的家庭,必将是一个充满和谐的家庭。在创建"五好文明家庭"活动中,学习能使家庭成员素质得到提高;学习能使家庭成员的人格得到升华;学习能使家庭成员心胸开阔,相互包容;学习能使家庭成员境界提升,相互支持;学习能使家庭成员获得物质和精神财富;学习能使家庭成员提升生活质量。人类进入 21 世纪,社会正发生着前所未有的巨大变化,知识爆炸、科技创新、产业创新、管理创新,知识经济社会、信息网络时代正向我们走来。为了应对激烈的世界竞争,普遍提高国民的综合素质,2001 年 5 月,江泽民总书记在亚太经济合作组织人力资源能力建设高峰会议上提出:"构建终身教育体系,创建学习型社会"的号召,这一号召在全社会引起极大的反响,一个创建学习型社会、学习型组织、学习型企业、学习型单位、学习型社区、学习型家庭的热潮方兴未艾。而创建学习型社会,一个重要基础是创建学习型家庭。这是因为家庭是社会的细胞,是人生的出发点,是人们启蒙、进步、成长的重要基地,有家才有国,才有社会。创建学习型社会,必须以创建学习型家庭为基础,构建各类学习型组织,都离不开这个基础。

经济的快速发展和社会的文明进步,需要全社会变革传统家庭,对家庭基本功能进行合理、有效的利用,学习型家庭是家庭发展到一定阶段,超越了安全、温饱、基本生产和消费需求之后,每一位渴望家庭幸福、美满的家庭成员的人生理想和奋斗目标,是家庭发展的高级形式,也是文明进步社会的有机组成部分。学习型家庭为家庭成员多元智能的和谐发展提供了一个广阔的平台。在家庭的每个成员中，不管是年长的还是年幼的，每个人的智能是多元的，而且是无限的。学习型家庭让每个人都可以在学习中走向成功，实现自我价值。

全国劳动模范窦铁成只有初中学历，但他凭着自己的努力，最终成长为企业的"王牌员工"，被认为是现代产业工人的楷模。在铁路电气和变配电施工的技术方面，窦铁成被称为"问题终端解决机"。许多问题，他不需要去现场，只要听人讲解大概情况，就能很快找出"症结"所在。

1979年，23岁的窦铁成没有参加高考却通过了中铁一局的招工考试。窦铁成回忆说，那个年代，百废待举，人人憋足了劲要干出点什么来，而我当年从陕西蒲城农村出来时，只带着妻子的定情信物一条手绢和长辈的干一行，爱一行，通一行的重重叮嘱走上了工作岗位。

窦铁成能练成这样"出神入化"的技术本领，与他的干一行，爱一行，通一行的努力与刻苦是分不开的。窦铁成坚信一个人可以没有文凭，但不能没有知识和技能，参加工作后不久，窦铁成买来《高等数学》、《电工学》、《电磁学》、《电子技术》、《电机学》等书籍，开始了艰难的自学。60多本、百余万字的工作学习日记是他孜孜不倦学习的见证。从一个普通的电工成长为高级技师，其间付出多少努力，也许只有窦铁成个人才清楚。

1983年，27岁的窦铁成成为中铁一局最年轻的工程负责人。是年，他作为施工队长承担了国家重点工程京秦铁路沱子头变电所的施工任务。这是他接触的第一个大型变配电所，谈起25年前的这个工程，窦铁成仍然感觉压力大，信心不足，他说当时唯一的想法就是全力去拼，不能辜负领导的信任，结果是付出的最多，学的东西也最多。白天他和大家一起开沟铺线，到了晚上，他就把自己关在狭窄湿热地调压器室内，一张张图纸、一条条线路、一个个节点分析，仔细研究电缆怎么走、设备如何安装。凭着永不言败的精神和一股倔劲，窦铁成把七套不同技术的图纸弄得明明白白。后来,工程顺利验收并获得了国家优质工程银质奖。此后,他带领工友们先后负责安装的 37 个铁路变配电所,全部一次验收合格,一次送电成功,获得了国家级优质工程、铁道部优质工程奖、中国中铁优质工程奖、中国建筑工程鲁班奖等十多个奖项。

今天的职场,我们很难说自己就固定哪个工作和岗位上,变换工作、变换岗位,是经常发生的事情。所以,我们要尽快地适应新工作、新岗位的需要。此时的学习能力就显得非常重要。在这个知识经济的时代,学习已经突破了学校的限制,变成了终生的事情。作为一名员工,如果没有一定的学习能力,靠我们参加工作前的一点"存货",很快就会无法适应工作的需要。比如很多人都会发现大学毕业后的两年,同学们聚到一起,大家的变化还不算很大。等到五年后再聚到一起时,每个人都有相当大的变化:善于学习新知识的人能够很好地适应工作、适应社会,而只会抱着学校里学来的知识、不思进取的人就会有落后的感觉。

在创建"五好文明家庭"中,学习是一个人充实自我、完善自我的手段,也是一个创建和谐劳动关系的人生必由之路。当今时代,社会发展一日千里,科技进步日新月异,竞争日趋激烈,必须持之以恒地坚持学习。为此,我们必须把学习当做生活和工作的第一需要。在思想上,树立终生学习、时时学习的现代学习理念。书本上的知识毕竟有限,一辈子待在学校学习也是不现实的。最切实可行的办法是,边做边学,缺什么补什么,不断地完善自己。只有不断地学习,才能不断进步。

在和谐社会背景下,"学习型家庭"的创建具有十分重要的意义。"学习型家庭"创建的成功,将为和谐社会的构建创造十分有利的条件。同时"学习型家庭"的创建是个十分复杂的生态系统,受诸多因素的影响,需要更多人的关注、参与和支持。大量的实践已经证明:选择了"学习型家庭"就是选择了幸福与和谐,选择了"学习型家庭"就是选择了成功的人生。因为学习是和谐家庭的精神支撑,"学习型家庭"则是和谐社会的强大基石。

不断提高家庭成员的思想道德素质、文化素质和身心健康素质,营造家庭成员之间的和谐关系,不仅是构建和谐家庭的要求,也是构建和谐社会的要求。如何让每个家庭走向和谐？唯有学习，把家庭建成"学习型家庭"才能保证家庭的和谐健康发展，从而促进社会的和谐健康发展。因此，"学习型家庭"创建应是构建和谐社会不可分割的一部分。

随着社会物质财富日益丰富，"家庭文化贫困"已成为当前关注的社会问题。创建"学习型家庭"，正是以人为本，以促进人的全面发展，以不断提高家庭成员的道德水平，帮助广大家庭成员树立正确的世界观、人生观、价值观，倡导科学、文明、健康的生活方式为目的，从而为创建"学习型社会"奠定基础。提高家庭成员综合素质，创建"学习型家庭"，对于构建全社会的和谐，对于加强社会主义美德建设，具有十分重要的意义。

2

不断进取，永远向着更高的目标奋斗

每个人都希望得到别人的肯定，都想得到更好的发展。当然，要想实现愿望并不是无条件的，关键是看你有没有能力，有没有真本领。在创建"五好文明家庭"活动中，作为一名有责任感的员工，业务技能精湛是做好本职工作的基本条件，也是适应竞争的需要。因此，对个人而言，只有不断提升自己。想要获得更多的薪水、更高的职位、更多的空间，只有一条途径，就是不断让自己变得更有价值。

在职场上打拼的人，能力是你最重要的通行证。拥有过人的能力，是事业成功的必要条件。我们要明白，即使具备优秀的能力也不一定会成功，但一个缺乏过硬职业能力的人，是一定不会成功的。一个人能力的高低，直接影响着他在老板眼中的分量和自己在职场上的前途。因此，应该想尽办法提高自己的能力，与你的行业一起与时俱进。只有那些与时俱进的员工,才能在职场上长期并且稳定地生存下去。可是,如何才能让自己变得不可替代呢?这需要在不断的学习中提高自己的能力,在大量的实践中加强自己的素质,还需要一颗永不退缩的心。

魏小娥是海尔集团的一名员工。

1997年8月,海尔集团派遣魏小娥前往日本学习新兴的卫浴产业生产技术。在学习期间,魏小娥注意到,日本技术人员在试模期的产品合格率一般都在30%～60%,设备调试正常后,产品的合格率为98%,废品率一般为2%。

"为什么不把合格率提高到100%呢?"魏小娥问日本的技术人员。

"100%? 你觉得可能吗?"日本技术人员反问。

从日本技术人员的回答中,魏小娥意识到,不是日本人能力不行,而是在思想认识上使他们的产品合格率停滞在98%。魏小娥通过学习发现完全可以做到产品的合格率达到100%。作为一个海尔人,海尔和魏小娥的标准就是100%。在她的心目中,没有做不好的工作,只有做不好工作的人。

因此,魏小娥回到海尔公司后变革了日本企业的一些流程,将主要精力放在抓卫浴分厂的模具质量上。无论任何时候,魏小娥都从未放松过对模具质量的严格要求。一次,在试模时,魏小娥在原料中发现了一根头发,这无疑是操作工人在工作时无意间落入的。然而,魏小娥立即意识到,这一根头发万一混进原料中,就会出现废品。魏小娥马上给操作工统一配备了新的工作帽,并要求大家统一剪短发。就这样,一个可能出现2%废品的因素被消灭在了萌芽之中……

就这样,在魏小娥的一番努力下,100%这个被日本人认为是不可能的产品合格率,魏小娥在海尔集团做到了。魏小娥用自己的努力证明:只要工作中用心负责去做,就没有做不好的事情。

不久后,日本模具专家宫川先生来海尔公司访问见到了魏小娥,她此时已是海尔集团卫浴分厂的厂长。在参观海尔生产线时,面对一尘不染的生产现场、操作熟练的员工和100%合格的产品,宫川先生一脸惊愕,反过来向魏小娥请教其中的奥秘……

在科学技术飞速发展的今天,你身边的每一个人都在努力学习以求赶上时代的步伐,如果唯独你自己对变化置若罔闻,还守着那点知识而不思进取的话,无疑就会被社会无情地淘汰。下决心掌握自己职业领域内的核心技术和关键技能,使自己变得比他人更精通、更专业,你才能有负责任的保障。无论从事什么职业,都应该如此。工作技能好比是一座矿产,如果我们的个人矿产只比别人丰富一点点,那么我们能不能够使它更加丰富一些呢?如果我们不比别人更富有,甚至更贫瘠的话,那我们如何让自己成为那个不可或缺的和谐员工呢?因此,在爱岗敬业家庭创建中要想不被人代替,你就必须努力成为企业的核心员工。

袁杏云是南宁高速公路管理处坛洛收费员。由于有一手收费快而准的"绝活",袁杏云在坛洛收费站可是小有名气。凭着这手"绝活",参加工作刚两年多的袁杏云在2006年10月27日就刷新了广西高速公路连续收费无差错的最高纪录、达到连续收费2000万元无差错,成为广西高速公路实现2000万元收费无差错的第一人,这在全国的同行中屈指可数。2007年5月,袁杏云又一次实现了新的突破——7个多月后,她又成功地创造了2500万元收费无差错的新纪录。做到了百尺竿头,更进一步。

收费在大多数人看来是一项简单易操作的工作,刚踏上收费岗位的袁杏云也是这样认为。但当袁杏云真正上岗工作时才发现收费其实一点也不简单,要准确无误地收好每一次通行费就更不容易了。由于坛洛收费站具有车流量大、收费额高的特点,在车流高峰时,手都停不下来;因此收费过程必须又快又好,甚至还要应付说话粗暴的司机。

刚开始工作时,袁杏云曾犯过在一个班次内出现过短款100元、假币50元的差错,差错最严重的时候一个月内出现了11次。这让袁杏云烦恼不已,她决心狠下一番工夫,把自己的业务技能提上去。为尽快熟悉收费标准,袁杏云把收费标准制成小卡片,随身携带,随时学习;为了能准确、快速打印电脑票据,在没有车辆的时候,她经常在桌面上轻轻地敲打练习,以提高手指的熟练程度;为了准确判断车型,她把同样车型不同形状的车辆特征归类总结,把当班过程中发现的少数特殊的车型记录下来,当遇到同样特征的车辆时就可以准确快速辨别车型;为了快速辨别真伪钞票,她积极向有经验的员工请教,向银行的职员请教,平时一有空就研究真假钞票的不同之处。经过坚持不懈地学习和实践,数秒之内完成收费的全部工序就成了她的"独门绝技"。

按规定一辆几百元通行费的车辆通关,要在 12 秒内就要完成"验卡、验钱、找补、找票"的全部工序,而操作熟练的袁杏云能在不到 10 秒的时间内完成。工作中,袁杏云还根据自己的经验总结出了"一摸二看"的快速辨别钞票法和"一回头二看三算"的快速确认法。这个收费方法在收费站推广后,站里收费的差错率降低为 0.14%。

企业责任的起点,需要的是企业内的员工担当起各自的责任。无论哪个行业,员工责任感的高低都是企业经营的一个晴雨表。一名员工承担的责任越多越大,证明他的价值就越大。所以,应该为你所承担的一切感到自豪。想证明自己最好的方式就是去承担责任,如果你能担当起来,那么祝贺你,因为你不仅向自己证明了自己存在的价值,你还向社会证明了你的价值。

人生的价值在于不断进取。犹太人的杰出代表人物之一马克思曾说过:"任何时候我也不会满足,越是多读书,就越深刻地感到不满足,就越感到自己贫乏。科学是奥妙无穷的。"人生的价值在于不断进取,在这方面无数成功者为我们树立了光辉的典范。一个人的职场生涯占据了人生的大部分时间,在日益激烈的社会竞争中,工作往往成为了人们生存与发展的重要途径。而要想让自己成为企业不可或缺的人才,你就必须努力成为与你的行业一起与时俱进员工。你的能力别人没有,这就是你在职场存在的理由,这就是你能够安身立命的资本。所以,作为员工一定要熟练掌握一门技能,成为企业的核心员工。否则,你在职场中就是可有可无的人,只能做什么人都可以做的事情,说不定什么时候就被别人顶替掉了。

3

敬业乐业,对工作有高度的使命感和责任感

现在整个社会都存在着一种浮躁心态,太多的人都急于求成。有人幻想着一日暴富,一夜成名;有人动辄大谈特谈宏观战略。侃侃而谈却没有实际价值;还有些人则是只顾眼前利益,忽略了未来的发展。浮躁,使人如同无根之草、无本之木,总是找不到自己的位置。好比在麦田里拾麦穗。眼睛始终盯着下一个麦穗,而有可能最后得到的还不如自己一开始看到的麦穗大。

当前社会上流行着一种被称为"职场青春综合征"的现象。这种症状主要表现为:没有耐心,不肯踏实地做一件事情,不愿意坐冷板凳,更多地计较眼前的利益得失而缺少长远的眼光,急于求成,忙于跳槽,厌倦工作……

"职场青春综合征"在外企员工朱晓聪身上体现得非常充分。从三年前大学毕业开始,朱晓聪就有自己的一个时间表:30岁之前,必须买到房子和车;35岁之前,必须拥有自己的公司。在他看来,这并不算是一个很宏伟的目标。

朱晓聪原来的想法是:先到一个外企待着,然后积累资源,为自己将来的创业做准备,等到人际关系网慢慢形成后,就自己办一个公关公司。但是两年的时间过去了,朱晓聪有些等不及了。用他的话来说,就是"发财要趁早"。

朱晓聪身上显示出一种对于成功的饥渴。这种饥渴同样存在于许多朱晓聪的同龄人心中,很少有人愿意安静地坐下来做几年事情,每个人都想上"财富速成班"。

为什么那些著名的大企业,能够在人地陌生的其他国度里依然获得成功?其中的一个奥秘就是他们脚踏实地的务实精神。一些国内的明星企业,也都比原来更加注重务实的作风了。比如颇有名气的温州"大虎"打火机公司,其中的一位高层人士就说道:"在别人只想着增加产量多赚钱的时候,我们注意了质量,所以我们活了下来。"这,就是踏实与浮躁和区别。在创建"五好文明家庭"活动中,我们也需要这种精神。

在你的生活当中,有大部分的时间是和工作联系在一起的。你对工作的态度决定了你对人生的态度,你在工作中的表现决定了你在人生中的表现。社会学家戴维斯说:"放弃了自己对社会的责任,就意味着放弃了自身在这个社会中更好地生存的机会。"同样,如果你放弃了自己对工作的责任,就意味着放弃了在公司里更好发展的机会。没有责任感的人,任何一个公司都会弃若敝屣,即使侥幸留在公司里,也永远不会获得成功。

爱岗敬业是任何一个平凡的岗位对工作人员最基本的要求。任何人都有追求荣誉的天性,都希望最大限度地实现自我价值。而要把这种理想变成现实,靠的是什么?靠的就是在平凡岗位上的爱岗敬业。无论工作和任务多么地艰难,我们不能推卸自己的和谐精神和使命,推卸就意味着我们失去了实现自我价值的机会。我们要拿出传教士传教般的使命感来,将职业上的进步和事业上的拓展始终当做一种神圣的使命来对待。只有树立了这样一种使命感,才能够真正树立和谐精神。

爱岗敬业是每一位工作人员应有的态度。美国前总统肯尼迪在他的就职演讲时说:"不要问美国为我们做了什么,而要问我们为自己的国家做了什么。"常常看到很多人尽管才华横溢,但总是怀疑环境、批评环境,殊不知他自身所持有的这种态度,恰恰对他的进步成长打了一个致命的折扣。如果因为看到缺点就大肆抱怨,不顾大局,不讲团结,在不知不觉中养成了抱怨环境、不思改善的习惯,最大的受害者就是自己。集体肯定有自己的缺点,但也会有优点,正因为优点大于缺点,所以才有很多人选择留在集体。所以我相信:"成功的人一定爱岗敬业,失败的人始终在寻找客观理由。"

万胜强是中国第一航空公司西安飞机工业集团的员工。他刚开始参加工作时只是一名普通的技校毕业生,但强烈的工作使命感使他将企业当成自己的家,胸怀航空报国、追求第一的理想,在自己的岗位上不断学习航空零部件加工工作,迅速成长为航空零部件生产中的高级技能人才,为西安飞机工业集团作出了非凡的贡献。

一次,在为意大利航空公司生产飞机零件的过程中,因零件耽误导致生产交付周期只有11天。当时在这么短的时间内,要完成这样紧急的任务几乎是不可能的。但为了企业的信誉万胜强还是接下了这个任务,因为他认为完成这个任务是自己义不容辞的责任,不能为此而推脱。就这样,万胜强与全班的同事发扬团结拼搏、连续作战的精神,终于以质量零问题的佳绩胜利完成任务,创造了生产的奇迹,受到领导的嘉奖。

万胜强参加工作以来的10年间,在工作中处处发挥模范带头作用,为公司解决了多次难题,而且从未发生过任何质量和技术事故。比如一次为波音737—400客改货工作中遇到了很多困难,万胜强充分发挥了高级技术工人的能动作用,解决和排除了生产中许多疑难问题和故障,为公司转包生产上批量和新产品试制作出了突出贡献,成为岗位上成长起来的新一代"工人铆接技术专家"。

由于万胜强出色的成绩,2004年10月,美国波音公司将"波音信得过员工"奖牌和证书交到他手中。波音公司凡获此殊荣的职工在任何情况下都不得解雇,万胜强成为亚洲第一个获此殊荣的工人。此外,他还获得了中国一航首届职业技能大赛飞机铆工第二名、"航空技术能手"、"陕西省十大杰出青年"、"陕西省青年突击手标兵"、"全国青年岗位能手"和"全国技术能手"

等等荣誉称号；2007 年，他又获得了由共青团中央、劳动和社会保障部在全国评选的首届"中国十大杰出青年技师"光荣称号。

在创建"五好文明家庭"活动中，企业营造一种和谐精神的文化氛围是非常重要的，它甚至比金钱的激励作用更强大。企业的和谐文化决定了员工的精神斗志。只要在工作中树立起强烈的和谐精神，将工作本身看成一种神圣的使命，就会极大地调动人的积极性，驱使自己自动自发地干好每一项本职工作。这样的员工会主动要求自己努力工作，而不以薪水为目标。他们也不会畏惧自己工作上的坎坷，而始终沿着目标向前迈进，因此他们也一定能够享受到实现自己人生目标后上天所赋予的快乐。他们即使在家工作，也能够产生前进的动力，从而保持着自己的高效率。

任何对于岗位责任的推脱，不满或抱怨，带给企业组织的只能是破坏和无效的。所以，认清每一个人的责任是很有必要的。岗位责任需要责任承担人具有强烈的责任意识，因为企业管理中出现的很多问题，譬如办事拖拉、效率不高、执行不力等现象，都与岗位责任人缺乏责任意识有关。责任不仅对于企业很重要，对于我们每位员工来说也同样重要。不要以为自己只是一名普通员工，其实你能否担当起你的责任，对整个企业而言，同样有很大的意义。企业界一个个鲜活的实例告诉我们，只有坚持了岗位就是责任这一重要原则，我们的员工才能更好地随着企业的发展而进步，才能创建和谐的劳动关系。

所以，如果你不愿意拿自己的人生开玩笑，那就在工作中勇敢地负起责任吧。事实上，各行各业都需要心怀责任感的员工。所以，不管你从事什么样的工作，平凡的也好，令人羡慕的也好，都应该抱着尽心尽责的态度，全身心地投入工作，最后你获得的不仅是完美的工作，还会有和谐的家庭关系。

4

主动积极,在任何岗位都兢兢业业

有人说,假如你非常热爱工作,那你的生活就是天堂;假如你非常讨厌工作,那你的生活就是地狱。把自己的工作当成你喜欢的并且乐在其中的事情来做,就能发掘出自己特有的能力。即使在辛苦枯燥的工作中,也能从中感受到价值。在完成使命的同时,也会发现成功之芽正在萌发。

在 2006 年瑞士洛桑田径超级大奖赛男子 110 米栏的比赛中,中国飞人刘翔以 12 秒 88 的成绩打破了沉睡 13 年之久、由英国名将科林·杰克逊创造的 12 秒 91 的世界纪录。看着刘翔身披国旗绕场奔跑的镜头,所有的人都由衷地感叹:真是太完美了!

刘翔为什么能够如此完美? 教练孙海平在总结刘翔的成绩时这样说:"心无旁骛,一心要跑好,跑赢!"也就是说,对刘翔来说,把自己的状态发挥得尽善尽美就是最终目的。

我们中的一些人为什么不能做得像刘翔那样尽善尽美,原因就是由于他们对于功利得失考虑得太多,太强的功利心遮蔽了他们的心智。比如中国的足球之所以总是在世界排名百名之外,就是因为有相当多的球员和足球官员,缺少像刘翔那样超越性的人生态度,除了"名利"二字以及物质上的享受,他们早就忘了什么叫"理想"。

在创建"五好文明家庭"活动中,也许我们不可能像刘翔那样跑得那么快,但是我们完全可以在自己选择的领域里做一个像刘翔那样的人。因为只要我们能够像刘翔那样心无旁骛、超越名利、怀抱理想,就完全能够像刘翔那样"把自己的状态发挥得尽善尽美":公务员把实现公平和正义看作是自己从政的根本;学者把追求真理看作是从事学术的根本;企业家把提供世界上最优质的产品和服务看作是自己企业的根本;员工把做好自己的本职工作,为团队和企业创造最大价值作为根本目的……

记得雷锋在他的日记中有这样一段话:"如果你是一滴水,你是否滋润了一片土地?如果你是一线阳光,你是否照亮了一分黑暗?如果你是一粒粮食,你是否哺育了有用的生命?如果你是最小的一颗螺丝钉,你是否永远坚守你的工作岗位?"这段话告诉我们无论在什么样的岗位,做着什么样的工作,都要发挥最大的能力,做出最大的贡献。今天,我们再来重新体会这段话的含义,便会发现已被赋予了更深刻的内涵,那就是爱岗敬业、无私奉献。

爱岗换来才能,敬业创造收益,有付出就有回报,爱岗敬业的员工往往更容易实现自己的梦想。同样是上班、下班,有的员工总能得到领导的肯定和好评,升职加薪也是水到渠成;有的员工却总是被领导晾在某一个不起眼的角落,甚至直到退休还是只能坐在冷板凳的位置!而让员工走向两极的根本原因就是职场的基本操守之一——爱岗敬业!在我们身边,总有一群人,他们在自己的岗位上兢兢业业,默默奉献,关注民生,服务群众,展示出创先争优的风采,诠释着一名普通共产党员肩负的责任。

张燕娥1992年8月毕业于福建省卫生学校中医护理专业,是惠安的护理队伍中系统学习中医基础知识为数不多的一员。自毕业分配至今,在惠安中医院已工作了十几年,可以说工作经历是坎坷的。可喜的是,张燕娥没有被坎坷、挫折打倒。而是在困难和挫折前积累了更多的经验,增长了见识,提高了自身的素质和处事能力,始终在心里默默承诺着,一定要踏实工作,在平凡的工作岗位上创造出不平凡的业绩,实现个人的理想和价值。从学校走向社会,年龄本就偏小的张燕娥显得那样的单纯和幼稚。在"大锅"里(当时未分科室)"吃"了两年余,便迎来了中医院的大改革——分科室。同时,把"多余"的人员分流出去。大概是张燕娥的敬业和对工作认真负责的态度感动了院长和护理部主任。此刻,本是担心会因"初来乍到"而被分流的张燕娥居然意外地被宣布去负责内科的护理工作——当护士长了!从此,张燕娥更加兢兢业业、勤勤恳恳地工作着,为了一个科室,为了领导的信任与重托,张燕娥把大部分的精力与心思都投到了工作中,连自身的一些诸如大专自考等大事都无暇顾及。张燕娥告诉自己:科室管理糟了,对不起领导的信任,无法弥补,而自考等自身事情没做好还可以有补救的机会。就这样,在她的苦心经营下,一个管理到位、业绩突出的科室摆在了众人面前,令人刮目相看。然而,在1999年的车祸请假中,她"下台"了。坎坷曲折的工作之路从此开始了,考验着她的意志。她被从内科调出,来到了急诊科,两年后,又被选到骨外科,直到现在的综合病区。被"流放"的日子,并没有削减她对工作的热情和对事业的不懈追求,仍然实现着一个共产党员的先进性。

正是这工作上的一连串变迁,反而造就了她对各科的业务特点和工作性质有了较全面的掌握,把她打造成了一个业务更全面、更精湛、更优秀的护理工作者。所到科室因有良好的业绩,均受到病人及其家属、同事的一致好评。尤其是在急诊科,更是彻底改变了全院长期以来对急诊科工作、业绩不满意的状况,当年创下了史无前例的业绩,得到经济效益与社会效益的双丰收,令许多同事从内心里投来了赞佩的眼光。

她就是这样一位在平凡工作岗位上默默实践着真知与价值的白衣天使。她深信,在以后的工作道路上,会一如既往,责无旁贷地做好本职工作,履行好工作职责,实践着一名共产党员的宣言,不辱使命。

工作岗位是我们人生中的一个舞台,我们寒窗苦读的知识,拥有的各种能力,都将在这个舞台上达到充分的展示。社会上有许多比我们更优秀的人还在为寻找一个满意的工作而四处奔波,很幸运公司选择了我们,给予了我们一份稳定的工作、一个展示自我的舞台,在创建"五好文明家庭"活动中,我们要倍加珍惜这份来之不易的工作,热爱自己的工作,在本职岗位上脚踏实地、尽职尽责、真抓实干、创新进取。

也许你会说,我一名普普通通的员工能起多大作用,我不爱岗不敬业,公司照样发展。请不要忘记,我们每名员工都是公司大家庭中的一员,公司的兴衰与我们息息相关,"皮之不存,毛将焉附?"我们必须牢固树立"以企为家"的思想观念,与企业同呼吸、共命运、同舟共济、共渡难关,企业靠员工发展,员工靠企业生存,员工与企业是一个命运共同体。

5

刻苦钻研,不断提高劳动技能

在创建"五好文明家庭"活动中,提高劳动技能,就能就业,就能富民增收,进而提高劳动者的幸福指数。作为企业员工,劳动技能的提升可以直接带来薪酬、社会地位的提升,也才能提升幸福感。如果没有劳动技能的提升,谈待遇提高、实现体面劳动和提升幸福感就是无本之木、无源之水。一个没有技能的农民,出去打工一天的工资大概是八十到一百元,如果是一个掌握了技能的人,一天的工资大概是一百五到二百元。因此掌握技能的增收效果非常明显。可以说,增强高技能人才队伍建设,是增强我国综合国力、提升企业竞争力和创造力、建设创新型国家的重要举措,是树立和落实科学人才观,促进各类人才协调发展的内在需要,是在新的历史条件下巩固和发展工人阶级先进性、增强党的阶级基础的必然要求高技能人才是人才队伍的重要组成部分,是推动经济发展和社会进步的重要力量。大力加强高技能人才培养,对于更好地落实人才强国战略,不断提升我国综合国力和企业竞争力,加快构建社会主义和谐社会具有重要而深远的意义。

"三百六十行,行行出状元。"这不仅强调了每一项工作存在的必然性和重要性,更说明了无论我们从事哪一项工作都可以大有作为,都可以做出一番事业来。

李骏是新中国培养的第一代汽车发动机博士。李骏攻读博士学位时,他的博士生导师是一汽总工程师陆孝宽,李骏的博士论文也是围绕一汽产品的技术改造进行的。1998年李骏完成博士学业,主动要求到一汽工作。一汽的技术中心虽然是国内汽车行业中的一流研究所,但发动机基础技术研究却很薄弱,如果基础研究跟不上应用技术的开发,那么失去的不仅是一汽产品的后劲,而将是中国汽车工业的未来。

于是,李骏义无反顾地选择了基础研究,一干就是10年。他到技术中心的第一件事就是建立发动机单缸机试验室。为了使试验室早日建成,他有时光着膀子和工人在燥热的工作现场连续工作十几个小时,经常被喷得满身机油。有人对他说:"你是技术中心唯一的博士,用得着这么干吗?"李骏说:"为了加快进度,只能这样干。"

有一年春节,大年三十的下午,其他办公室、试验室的人都回家了,李骏还在机器轰鸣的现场忙碌着。中心领导在巡视检查时看到满身油污的李骏,心疼地说:"平时加班我不说你,今天可是过年啊!"李骏这时才想起妻子让他今天早回家的嘱咐。就是在这样的工作激情下,经过一年多的艰苦努力,仅花了十几万元,李骏就建成了国内最先进的发动机单缸机试验室,节约资金100多万元。

1999年,李骏担起了奥威发动机项目研发技术总负责人的重任。在30个月的时间里,李骏争分夺秒地奔波于国内国外,既要负责项目的评审,又要掌握整个工程的节点。他经常说的两个字是"抢、挤"。"抢"就是要把汽车工业落后的时间抢回来,"挤"就是要把国外的好经验像挤牙膏一样挤出来。2003年12月,具有中国自主知识产权、技术达到国际先进水平的310马力柴油机奥威6DL在锡柴正式投产。

有人说,李骏工作起来像个不知疲倦的发动机,甚至是永动机。技术中心党委领导称他是"在燃烧生命";从事医务工作的妻子说他是"在透支生命"。但他依然精力充沛,这让与他一起工作的人非常佩服。

爱默生说："一个人,当他全身心地投入到自己的工作之中,并取得成绩时,他将是快乐而放松的。但是,如果情况相反的话,他的生活则平凡无奇,且有可能不得安宁。"把工作当成自己的事业,全身心地投入其中,这是真实的人生,同时也是成功的人生。李骏的人生就是这样。社会发展到今天,生产力的发展决定了人类社会的发展水平,决定了促进和实现社会和谐的发展。有文化有知识的社会劳动者是生产力最杰出的代表,提高他们的职业化与专业化水平,是促进生产力发展的必由之路,是建立和实现社会和谐之根本保证。因此,无论我们从事什么行业,只要想在该行业中站稳脚跟、出一番成就,就必须具备精湛的专业技能,并且还要以精益求精的态度不断提高自己的专业技能水平。专业就是和别人相比,你擅长什么? 专业是一种职业精神,它不仅仅是对于一个职业的忠诚,而是一种职业使命与敬畏。

专业是创造的出发点,是成就高端价值的依据。最优秀的产品来自最专业的公司,最辉煌的业绩出自最专业的人员。可口可乐把碳酸饮料做到极致,但不是在所有饮料领域。聂卫平下围棋成为棋圣,却不是在所有棋类领域。但最精的肯定是最专的。世界上每一个成功人士都有很特别、很高超的专业知识:李嘉诚是地产高手,邵逸夫对电影了如指掌,包玉刚是"航运百科全书"。一个对企业负责的员工,会想办法提高自己的工作能力,练就卓越的工作本领,帮助企业解决难题,为企业创造财富,从而实现责任与价值之间的转化。

提起江苏常州黑牡丹(集团)有限股份公司的邓建军,纺织行业的人都知道,他有不少绝活,不论是国产的还是进口的设备,他都能捣鼓,哪怕是老外为了技术保密而不给图纸的专用设备电路板,也不在话下。邓建军是江苏常州黑牡丹(集团)股份有限公司的高级技工,是21世纪全国首批七个"能工巧匠"之一,是全国职工职业道德建设"十佳标兵",曾两次受到胡锦涛总书记的接见。

邓建军参加工作时只有中专文化,作为普普通通的一线工人,放在哪里也不显眼。是什么让邓建军在一个普普通通的岗位上,获得如此多的荣誉呢? 这得益于他在平凡的岗位上做出了令人刮目相看的成绩。正因为岗位平凡，正因为困难重重，恰恰激发了邓建军不甘人后、为国争光的志气，激发了争当知识型员工的决心。这种志气和决心，催生了邓建军不断学习新知识、钻研新技术的持久动力，使他成长为专家型的蓝领精英，也帮助企业成为世界色织行业的领跑者。

　　在邓建军刚参加工作的那几年是中国纺织企业告别传统"金梭银梭"的年代，国内企业特别缺少机电一体化的技术工人。黑牡丹公司第一次引进国外纺纱设备时，外籍技师来厂安装调试，当邓建军遇到问题，向老外索要操作手册，对方竟不屑一顾，连说几个"NO"！洋技师轻蔑的眼神深深刺痛了年轻的邓建军。从此，邓建军憋足了一股劲，特别注意跟踪国际纺织机械的最新技术，从中获取各种技术信息。凭着自己的努力，邓建军最终成长为新时代的技术工人。有一次，黑牡丹公司有一批进口剑杆织机急需改造，邓建军兴冲冲地接下了任务，但现场看过以后，心底不禁冒出一股凉气。几十台机器的各种电气线路如一团乱麻，图纸不知去向。一块线路板有2000多个点需要——测试、分析、测算，要想改造这些进口货，任务十分艰巨。他一咬牙，从最基本的制图工作开始做起，每天蹲在机器边14个小时以上。经过他的一番努力，这些机器终于改造好了，为企业节省了大笔的资金。

　　在工作中，邓建军一直努力为企业创造效益，把为企业创造效益当做自己义不容辞的责任。2002年8月，新产品"竹节牛仔布"在黑牡丹公司遇到生产告急，如不能按期交货，公司不仅会丢掉400万美元的订单加付违约金，还要将市场拱手让人。邓建军带着科研小组连续奋战15个昼夜，自行设计安装了4台分经机，成本仅为进口设备的1/8，保证了公司按时交货。客户满意之余，又续签了数百万美元的新订单。10多年间，邓建军共解决了重大技术难题23个，参与技改项目400多个，独立完成的项目达138个。当今世界纺织行业公认的可用于色织行业的18项最新技术，黑牡丹公司已成功运用15项，远远高于国内外同行。

面对工作中的困难,邓建军首先想到的是自己的专业。他在工作中努力提高自己的工作本领,创造性地解决工作难题。他积极提升专业能力,也让企业的效益上了新台阶。

在工作上,要想在激烈的竞争中占有一席之地,首先要有一些自己有而别人没有的强项。在 21 世纪激烈的竞争中,我们无处退缩。个人之间、企业之间、国家之间的竞争已经跨越国界,胜利者与失败者的区分变得更为清晰,唯有专业技能优秀的员工才能在全球化经济社会中站稳脚跟。

6

善于合作,与同事团结和睦共进共赢

有句俗话说得好:三个臭皮匠,能顶一个诸葛亮。在现代生活里,竞争越来越激烈,你更不可能完全凭借自己的力量来完成某项事业,没有人能独自成功,相反你应该利用集体的力量。在创建"五好文明家庭"活动中,团结协作是获得成功的关键。

有一位农民,听说某地培育一种新的玉米种子,收成很好,于是千方百计买来一些。他的邻居听说后,纷纷找到他,向他询问种子的有关情况和出售种子的地方,这位农民害怕大家都种这样的种子而失去竞争优势,便拒绝透露,邻居们没有办法,只好继续种原来的种子。谁知,收获的时候,这个农民的玉米并没有取得丰收,跟邻居家的玉米相比,也强不到哪里去。为了寻找原因,农民去请教一位专家。

经专家分析,很快查出了玉米减产的原因:他的优种玉米接受了邻人劣等玉米的花粉。

　　农民之所以事与愿违，是因为他不懂得这样一个简单的生活道理：给予总是相互的。我们都不是孤立地存在于社会之中的，我们都需要给予和接受。

　　懂得合作的员工才能以最快的速度融入到团队中，找到自己的位置，实现自己的价值。如果只要个人英雄主义，会在一定程度上影响团队的整体创新能力和工作质量。无论做什么事情，如果认为这个事情没有了自己就一定不会成功，那么你就会有骄矜之气。在团队角色问题中，我们提到过，团队中一定有一件事情是你最擅长的，在这件事情的操作过程中，你是主要力量，但并不代表没有了你就不行。赵本山的小品中有一句话："地球就得围着你转，你是太阳呀？"你必须清楚，这个世界少了谁都一样。

　　在当今社会生产中，团队作用越来越显示出了它重要的作面，面对社会分工的日益复杂化，个人的力量和智慧显得微不足道，即使是天才，也需要他人的协助。在创建"五好文明家庭"活动中，只要我们是一个企业的员工，只要我们是一个团队的成员，我们就立该团结协作、同舟共济，就应该为了实现企业、团队的共同目标和利益紧密协作，只有这样才能形成强大的凝聚力和整体战斗力。据统计，在所有诺贝尔获奖项目中，因协作而取得成功的占2/3以上。在诺贝尔奖设立的头25年中，因合作而获奖的占41%。又比如，美国的阿波罗登月计划实施长达20年，涉及2万余个公司，几十所大学，是典型的团队合作的例子。除了这种大项目，在一般的公司中，一项工作的完成也需要员工之间的协作。无论做什么事，都离不开团结协作。毕竟，单个人的力量是有限的。所以，团队精神强调团队内部各个成员为了团队的共同利益而紧密协作，从而形成强大的凝聚力和整体战斗力，最终实现团队目标。

　　曾经有记者采访世界首富比尔·盖茨时问他成功的秘诀。

　　盖茨说："因为有更多的成功人士在为我工作。"

　　众所周知，微软公司使数以万计的雇员成了百万富翁。可鲜为人知的是，他们中许多人在取得了经济独立之后，仍继续留在微软工作。在某些人看来，这些百万富翁大概是发了神经。的确，大多数人认为，发财就等于取得了辞职的资格证书。但是，微软公司的百万富翁们并不那样认为。那么，是什么神奇的吸引力,竟使这些百万富翁不是因为自己经济的需要而如此卖命地工作呢?

答案只有一个,那就是完全超越了自我的团体意识。这种团体意识,已在微软公司生根发芽。微软人认为,他们不属于自己,而是从属于微软这个团体。董事长比尔·盖茨在谈到团队精神时,讲过这样一段话:"这种团队精神营造了一种氛围,在这种氛围中,开拓性思维不断涌现,员工的潜能得以充分发挥。"

在社会大舞台上,不论你从事什么事业,要想取得成功,都必须搞好人际关系。因为如果你不占天时、地利就必须得占"人和"。不论在哪一个专业领域,单独一个人想独力达到事业的顶峰,是不可能的事情。而要得到别人帮助的最好办法,就是愿意帮助别人。当你试着随时鼓励并协助他人求取事业的成功时,大部分人在你需要他们时都会助你一臂之力。不吝于伸出援手,你才会得到相等的回报。反之,你将一无所获。

事实上,每一个成功人士的背后都有一大批人在奉献。每一位知名企业家,幕后都有一个出色的团队;那些电影明星,身后都有制作团队;那些歌星,也都离不开音乐工作者和唱片公司的支持。这些人成功靠的不仅仅是自己的努力,更多的是大家的努力,所以有人说这是一个合作的时代。

只有发挥团队精神,才能取得更大的成功。对于一个团队来说,团队精神的形成并非一日之功,而是日积月累之沉淀。唯团队成员都具备团队合作的能力,团队精神才能得以形成。因此,在日常工作中要加强沟通与合作,充分整合各种资源,充分发挥自己的才能。每个人都离不开团队,团队也离不开自己,应当不断增强自己的责任感和使命感,进而不断提高团队意识,服从团队的目标。在当今社会分工越来越精细的时代,每个人的能力往往都局限于某一方面,或者是几个有限的领域里。所以,要成功就必须告别单枪匹马的时代,善于借力和合作才能走得更远。也许有人认为,成功靠的完全是自己的努力,而不是别人。事实证明,光靠自己单打独斗,成功的希望实在是微乎其微。那些成功者之所以能取得成功,是因为他们总是在不断地与别人合作,不断地寻找可以帮助他们的朋友。

中国有这样的一句俗语:一个和尚挑水喝,两个和尚抬水喝,三个和尚没水喝。但英国人是这样讲的:一个人做生意,两个人开银行,三个人搞殖民地。如果我们光盯在自己的工作任务上或者自己的名利上,而没有一个团结合作意识,那么人越多,我们就越没有水喝。这种合作就无法追求卓越。要和谐发展,每一个员工都要团结一致维护企业的利益。一堆沙子是松散的是它和水泥、石子、水混合后,比花岗岩还坚硬。员工融入公司的整体目标才能体会到团队力量,人生价值才能得到最大限度的实现。当你在一个企业或团队中工作时,这个企业或团队就已经和你的人生联系在一起了。团队的成功,就是你个人的成功;团队的失败,当然也就是你个人的失败。在一个成功的团队中,即使你不是一个万人瞩目的英雄,但也是个成功者。在失败的团队中,没有成功者,更没有英雄存在。因此,在团队协作中才能更好地创建"五好文明家庭"。

7

甘心奉献,从不计较回报

在创建"五好文明家庭"中,奉献是一种精神。奉献不是用嘴说的,它需要你付诸行动。每个企业都可能存在这样的员工:他们每天按时打卡,准时出现在办公室,却没有及时完成工作;他们每天早出晚归、忙忙碌碌,却没有做出什么成绩。对他们来说,工作只是一种应付:上班要应付工作,出差要应付客户,工作检查要应付领导,等等。这些员工做一天和尚撞一天钟,没有奋斗目标,没有责任感,终日应付了事。这其实是员工缺乏责任感的一种表现,更是工作中不和谐的表现。改变职场命运,要从改变态度开始。如果怀着强烈的工作责任感,就能从工作中积累更多经验,获取更多薪水。享受更多快乐,最终实现职场生涯的和谐发展。

甘心奉献,从不计较回报也是一种境界。当我们将甘心奉献当作人生追求的一种境界时,我们就会在工作上少一些计较,多一些奉献,少一些抱怨,多一些责任,少一些懒惰,多一些上进;享受工作给自己带来的快乐和充实感,有了这种境界,我们就会倍加珍惜自己的工作,并抱着知足、感恩、努力的态度,把工作做得尽善尽美,从而赢得别人的尊重,取得岗位上的竞争优势。爱岗敬业应是滴水穿石潜移默化地贯穿于我们的日常生活中,体现在我们每一个平凡的工作日,体现在每一个普通的岗位上。如果我们人人都能成为一个爱岗敬业的人,把工作当成一种享受,把工作当成一种使命,那我们的生命会更有意义,我们的事业将更加繁荣强大。

2010年7月21日,在全国组织系统深入开展创先争优活动视频会议上,一位来自浙江省玉环县委组织部一位普通的组工干部——杜洪英,说出了一句让大家感动的朴实话语:"把本职工作做好同样是进步。"这是一位既普通又不普通的组工干部,普通的是她所从事的档案工作,不普通的是她一干就是31年,并且干出了不普通的成绩。我想,更不普通的是,她有着超越一般人的精神境界,让李源潮部长都感叹的境界。

杜洪英生于1957年9月,祖籍山东。父亲是一名南下干部,两岁时,她随着因公致残的父亲迁回山东。1979年上半年,杜洪英从山东只身来到玉环县委组织部担任档案员,至今已31年。一名普普通通的档案员,成了数千万党员的优秀代表、全国组工干部的学习榜样。朴实之中有华章,平淡之中见精彩。杜洪英的可贵之处,正是她在平凡岗位上作出不平凡的贡献。她曾先后获得全国人事档案工作先进个人、浙江省档案保密工作先进个人、省优秀组工干部和省市优秀党员等荣誉称号,并享受省级劳模待遇,2009年10月当选全国"三八红旗手"。

起初,杜洪英觉得管档案挺无聊,但老部长一句话提醒了她,并从此成为她的岗位信条:"人事档案不仅是一叠叠纸张,每个干部的过去、现在都在这里,里面的一字一句关乎他们的前途和命运。"当时,杜洪英发现部里的档案就散放在几十只旧的木箱子里,有的见头不见尾,有的见尾不见头,翻一翻,没有几份是完整的。看到这一大堆残缺不全的档案资料,杜洪英暗自叹了口气,下决心把它们全部补全。

但补齐档案材料，谈何容易！没办法，杜洪英一个乡接一个乡跑，一个单位接一个单位找。"补齐这6000多份材料，实在是不容易。"杜洪英说，对玉环人来说，出门坐船是家常便饭，但对自己这个北方人来说，到鸡山、海山等海岛去，坐一趟船就是遭一趟罪。"一坐上船，我就开始吐，最后连黄胆水都吐不出来了。同事们见状，纷纷劝我别再出门，材料由乡镇干部带上来好了。"但杜洪英坚决不肯，这倒不是她不相信人，只是考虑到一些材料甄别，只有自己亲眼所见后才更加放心。杜洪英说，在档案材料鉴定方面，她认为还是保守一些更为妥当。就这样，杜洪英白天下乡收集，晚上剪贴归档，用了3年时间，终于把全县6000多份干部档案全部收齐，还救活了大量"死"档案。

在同事眼中，杜洪英对档案管理的认真劲儿，甚至可以用"苛刻"来形容。有一次，省里派人到玉环检查档案，在一份档案夹缝中发现一枚订书针，杜洪英紧张极了，竟将6000多份档案翻了个遍。

"还好，没有发现第2枚订书针，档案纸像婴儿般稚嫩，要格外小心，万一订书针生锈，会影响到档案里的内容。"

在档案室，杜洪英担心的，又何止是订书针——进去查档案必须换拖鞋，以免把鞋底的湿气和灰尘带进档案库；查档案不准喝水，免得不小心沾湿纸张；室内温度和湿度严格控制，以防档案变潮发霉……

杜洪英总是说，档案工作看似平凡，但出点差错就是大事。1983年，玉环有一批转干的企业领导因为单位转制，没来得及填写干部履历，导致应补档案缺失。杜洪英发现后，马上主动着手补救，四处联系单位，为这些人办齐了证明函。10多年后，这些老同志要办退休手续，却发现自己的干部身份没有明确，要到市里上访。杜洪英得知情况后，连夜翻箱倒柜，找到证明函，平息了一场风波。

查档案费时是档案部门的一个"老大难"问题。通过不断摸索，杜洪英摸索出了"姓氏笔画编目法"、"单位分类法"、"四角号码编目法"等办法。凭借这些方法,查档案的人几分钟之内就能找到自己想要的材料。由于简便易行,这些方法已得到了省委组织部的充分肯定和推广。

工作的31年里,玉环县委组织部先后换了12任部长,许多同事都被提拔到领导岗位,而杜洪英还是一名普普通通的档案员。组织部领导多次想把她转岗到待遇好点的单位或提拔到领导岗位,她几经考虑,最终放弃了。因为,她要坚守自己的岗位,坚持与无言的卷宗为伴,坚持把档案工作兢兢业业做好。她对大家说,事业远比身份重要。任何一种工作,只要做好了,得到大家肯定,就是最好的奖赏与荣誉。

为了工作而工作,被动地应付工作;认为工作是生活的代价,是无可奈何、不可避免的劳碌,都是十分错误的观念!许多人不尊重自己的工作,不在工作中投入自己全部的热情和智慧,常常抱怨工作的人,终其一生,决不会有真正的成功。把自己的本职工作做好,这才是成功的法宝。一台机器的运转需要各个部件的有机配合,一项工作的完成也需要不同岗位员工的共同努力。工作只有分工不同,没有贵贱、轻重之分。杜洪英的事迹告诉我们,只要你用心、用力,看似默默无闻的本职工作,同样能干出一番成绩。人生最大的挑战,不是突然的灾变和改变命运的选择,而是日复一日、年复一年、平淡而又极其平凡的工作生活。只有把每一天的工作任务及时完成了,尽心尽力做到位了,我们才能在每一天悄悄地成长,慢慢地长大。当你回过头来的时候,你会发现自己的每一天过得是这样的充实而感到骄傲和自豪。你也会发现,自己的工作进步了,能力提高了。

天下没有免费的午餐,任何人都要经过不懈地努力才能有所收获。收获成果的多少取决于这个人努力的程度。做好工作的关键是让责任感成为自己的工作习惯。作为一名员工,我们应该清楚地知道"我每天做的是什么?我为什么要这样做?我能不能做得更好?"

在创建"五好文明家庭"中,平凡的事情,你能持之以恒、勤恳务实的做好,就是不平凡;简单的事情,你能驾轻就熟、不出差错的做好,就是不简单。看看我们身边:从工作多年的老员工,到刚毕业就结婚的大学生,要想在旷日持久的平凡中感受到工作的伟大,在重复单调的过程中享受到工作的乐趣,那就必须让责任感成为自己的工作习惯。一个人只有对自己的生活和工作时刻抱着负责的态度,他才能坦然和无愧地面对自己的内心。

王顺友是中国邮政公司的一名普通邮递员。1984 年,年仅 19 岁的苗族小伙子王顺友从当乡邮员的老父亲手里接过了马缰绳,子承父业,成为了四川省凉山彝族自治州木里藏族自治县一名普通的邮递员。从此,在绵延数百公里的木里县雪域高原上,一个人牵着一匹马驮着邮包默默行走的场景,成为了当地老百姓心中最温暖的形象。

四川木里藏族自治县地处青藏高原东南缘,这里高山绵延起伏,全县海拔在 5000 米以上的大山有 20 多座,平均海拔 3100 米,生活和工作条件十分艰苦。王顺友负责的邮路在苍茫大山中,从海拔近 1000 米到近 5000 米,沿途大大小小的山峰沟谷,原始森林。气候异常恶劣,一年中有 6 个月冰雪覆盖,气温达到零下十几度。而一旦走到海拔 1000 多米的雅砻江河谷时,气温又高达 40 多度,酷热难耐。尤其一些山道山狭路窄,抬头是悬崖峭壁,低头是波涛汹涌的雅砻江,稍有不慎,就会连人带马摔下悬崖掉进滔滔江水中。这就是王顺友走了 20 年的邮路!

1988 年 7 月的一天,王顺友送倮波乡的邮件来到雅砻江边,他把溜索捆在腰上向雅砻江对岸滑过去。不料,快滑到对岸时绳子突然被磨断,王顺友从两米多高的空中摔在河滩上,邮包从背上滑落到了江边,眼看就要被江水带走中。王顺友猛地一下从河滩上爬了起来,抓起一根树枝跳进湍急奔流的江中打捞邮件,几经搏斗,硬是从汹涌的江水中把邮件包抢了上来。此时,王顺友累得瘫倒在河滩上。可他只休息了一会儿,便又背上邮件向倮波乡艰难地走去。

2002 年 12 月,日本 NHK 电视台专程来到木里,对王顺友负责的邮路进行跟踪拍摄。摄制组用 4 天的时间只走了 80 多公里,最后实在走不动了,只好坐车返回木里,然后转西昌、过冕宁,再经甘孜州九龙县到达倮波乡,这一圈,他们绕了六七百公里才进行完邮路终点的拍摄工作。出发前,他们和王顺友打赌说:看谁先到达保波乡。然而,令日本摄制组万万没想到的是,当他们坐车到达保波乡时,王顺友已牵着那头白骡子等他们半天了。日本记者被王顺友征服了,他们伸出大拇指说,王顺友,好样的,你是真正的男子汉!

2005年1月6日,王顺友送完保波乡的邮件准备返回白碉乡时再次遇险。当时,他刚要上横跨雅砻江的吊桥时,吊桥的一根钢绳突然断了,整座吊桥翻了个180度,正走在桥上的一个马夫由于手快,伸手抓住了另一根钢绳,慢慢地爬回了岸边。另一个马夫和9匹骡马则全部坠入江中,瞬间就淹没在湍急的江水中,紧随其后的王顺友吓出了一身冷汗。但过后,王顺友收拾一下东西就又上路了……

工作要用行动一步一步地去完成,成功取决于你努力的程度。对于一个王顺友来说每一天都很重要,每一天都要珍惜,每一天都必须干实做好。正是凭着这种高度负责的工作态度,20年来,王顺友在雪域高原跋涉了26万公里、相当于走了21趟二万五千里长征、绕地球赤道6圈;20年来,王顺友每年投递报纸杂志和包等上万件;投递准确率达到100%;20年来王顺友没有延误过一个班期,没有丢失过一个邮件,没有丢失过一份报刊。王顺友以高度的责任感为大山深处各族群众架起了一座"绿色桥梁",书写了一个邮递员的传奇。

看一个人是否能做好事情,主要是看他对待工作的态度。工作犹如在银行里储蓄,你努力了、尽责了、付出了,你就必将享受你的储蓄,获得愈来愈大的支取的权利。如果你不努力、不尽责,而只想支取,势必造成透支,透支欠下的债是早晚要还的,没有人能逃避为此付出代价。当下,有很多人对待自己的工作敷衍了事:"我不过是在为老板打工。"这种想法颇具代表性。这种说法其实是错误的,大多数人并没有意识到自己在为他人工作的同时,也是在为自己工作。工作,表面看来你确实在为老板卖命,你辛苦也好,清闲也罢,你所做的就是为公司招揽业务,争取利润,偏偏你的利益又不能和努力及时挂钩,或者根本不挂钩。但实际上,工作不仅为自己赚到养家糊口的薪水,还为自己积累了工作经验,工作带给你远远超过薪水以外的东西。从某种意义上来说,工作真正是为了自己。

第四章 "五好文明家庭"之"男女平等,尊老爱幼好"

　　家是我们永恒的温暖的避风港！对于每一个人来说,家是出发的起点,也是最后的归宿。家庭是组成社会的细胞,如果一个国家的大多数家庭不和睦,那么,这个国家自然也说不上安定、团结、兴国安邦。在"五好文明家庭"创建活动中,要把维护家庭稳定作为推动社会稳定的一项重要任务来抓,使每个家庭成员自觉树立维护社会主义稳定意识,正确处理好社会、家庭、个人之间的关系,增强维护安定团结的自觉性。作为每一个家庭成员,都要心胸开阔,不去计较小事,相互关心,体谅对方,这样家庭才会和和美美。

1

营造平等和睦的家庭关系

　　建设和谐家庭是构建和谐社会的基础。构建和谐社会是一个复杂的系统工程,它不仅是政府的任务,更是每个家庭成员的社会责任。社会的和谐首先必须是家庭的和谐,因为家庭是社会的细胞,和谐社会离不开家庭和谐。对于家庭,每个人都应有自己的一份责任,作为夫妻,从领取结婚证书、步入婚姻殿堂那刻起,家庭中就确立了夫妻双方的家庭责任。有责任感的夫妻,他们共同的特点就是家庭和谐,生活幸福美满;而失去责任感的夫妻,给社会带来的是严重的伤害、给家庭带来的是无尽的痛苦、给孩子带来的是心灵永远无法弥补的创伤。实践证明,不负责任的男人来说在家庭中不会是一个好父亲、好丈夫、好儿子,不负责任的女人来讲在家庭中不会是一个好母亲、好妻子、好女儿。由此可以清楚地看出,家庭的和谐对社会的稳定具有积极的作用。

　　一般来说,人的一生有大部分是在家庭里度过的。家庭的和谐是需要每一个人付出一生的耐心和努力。家庭是以婚姻关系为基础的一种社会生活组织形式,是人类最亲密、最可靠、最紧密的互助团体,所以,家庭的和谐是人生幸福的主要内容和依靠。家庭和谐必须以"爱"为主线。家庭成员之间要以亲情和爱情为主线,相亲相爱,互让互助,相互亲近、依恋、关注、牵挂和奉献,尤其是夫妻之间。只有这样,家庭的和谐才能牢不可破。

　　东莞市附城区一对夫妇以前日子清贫,但小夫妻勤劳过活,

很是恩爱。后来丈夫搞建筑，渐渐由小包工头变成大包工头，盖了新房，买了汽车。日子好了夫妻感情却变了，丈夫沾染了一些恶习，甚至在外养起了"二奶"。二人吵闹要离婚，好端端的家失去了往日的甜蜜和幸福。

北京市海淀区刑侦支队缉毒队在一名无业人员家中查获426粒"毒瘾消"。警方顺藤摸瓜，发现毒品的制造者竟是一名在国内医药领域小有名气的研究员、戒毒专家、博士生导师。59岁的刘应泉最初的作案动机是分别与两个女子同居，需要金钱来维持这种关系。10月24日，他被北京第一中级人民法院判处死刑。

贫病不嫌弃，富贵毋相忘，这是人们对婚姻幸福的向往。但近年来社会上出现的重婚、"包二奶"等现象，却使一些家庭的这种憧憬化为泡影。广东省妇联曾围绕"婚外情"问题展开讨论，专家、学者从人性、心理、伦理、道德、法律角度论证分析，群众参与点评，观点鲜明，抨击了"婚外情"纯属个人私事、喜新不厌旧，两全其美、生活多样化，性爱也应该多样化等奇谈怪论，社会反响强烈。一些专家提出，以金钱为主导的婚姻，往往潜伏着不稳定的因素，甚至给一生幸福埋设了祸根。

家庭是幸福的乐园。夫妻间需要奉献、牺牲，需要多一些理解、关爱。但并不是每一对夫妻都能做到这些。近年来家庭离异呈上升趋势就是说明。全国妇联调查显示，20世纪80年代初，家庭离婚率不到5%，90年代后期则达到了13%，每年约有40万个家庭解体，由此产生了许多单亲家庭。据一位小学班主任介绍，这种单亲家庭的孩子比其他孩子懂事早，个性强，教育起来难度大。有些从小性格孤僻，有些自尊心过强。社会在进步，人们的视野更开阔，相互间的交流更多，家庭这个社会的细胞更需要道德来维持，使其更健康。

在创建"五好文明家庭"中，家庭和谐要以责任为纽带。家庭生活是权利和义务的统一。如果说爱是一种权利的话，那么家庭成员尤其是夫妻之间，在享受爱的同时，就产生了爱的义务。爱一个人，就要为自己所爱的人负责，努力让所爱的人幸福。夫妻和家庭成员要共同承担起共同创造财富、共同承担家庭事务、共同培育子女、共同赡养老人这四项基本责任。

家庭和谐要以宽容为前提。家庭成员尤其是夫妻之间要多沟通、多理解、多交流,要尊重每个家庭成员的正当爱好和无害习惯,给每个家庭成员以足够的活动空间;要尊重家庭成员的隐私权,不窥探家庭成员的内心世界。让家庭不但是肉体的栖所,也成为心灵的栖所。

在创建"五好文明家庭"中,家庭和谐要以平等为基础。家庭成员的平等,主要表现在尊重彼此的人格、意志和自由上,不能以非法的、不道德的手段干涉其他成员纯属个人的私事。家庭成员都要成为朋友,不要把其他成员尤其是未成年子女当做自己的附属品而操控一切,当然,也不能把未成年子女惯成"小皇帝"。只要家庭成员尤其是夫妻之间保持人格独立、意志自由,相互尊重、相互关心,家政协商处理,家务共同分担,就能建立起平等和睦的家庭关系。

每天一大早,住在海口市龙华区的周运方一家就开始忙碌起来,周的妻子李兰新要早早起来为一家人做饭,然后要看看已经96岁的公公周炳文,接下来孩子们背上书包上学,龙华区残联理事长周运方也要到单位上班。李兰新将面积不大的屋子打扫一番后也要到自己经营的五金店去照看。晚上大家都回来后,李兰新照例会给大家做上一顿可口的海南饭菜,吃过饭后大家会坐到一起开心地聊天,两个孩子很活泼,总是高兴地将学校的生活情况讲给父母和爷爷听,周炳文老人的身体还很硬朗,非常喜欢看着孙儿在身边热闹。尽管生活看起来很简单,但一家人都感到非常充实。由于工作需要,现在周运方一家五口人搬到了海口市龙华区居住,而以前周住在村镇时,和哥哥一家一共十口人住在一起,大家庭里更是热闹,吃饭的时候要把桌子拼起来,洗澡的时候也要排队等候。

"我有个善良贤惠的好老婆。"这是周运方对妻子的评价。周运方的妻子李兰新是个温柔贤惠、聪明勤劳的女人。1986年,她嫁到周家时,家里生活很拮据。1988年10月,她东借西凑了3000元钱,开了一间小五金店,生意越做越好,一家子不但脱了贫，还盖起了两幢三层小楼。2000年百年不遇的洪水淹没新坡镇27个村庄，在新坡镇政府工作的周运方在农丰村委会投入了救灾工作，尽管单位离家才十几公里，但一干就是一个多月没回过家，妻子李兰新在家里负担起了家庭日常生活的全部责任。她不仅要为了丈夫的安全担心，每天都从报纸电视上关注救灾的进展情况，还曾亲自到灾区，把自家生产的新衣服送到新坡镇捐给灾民。2003年在抗击非典中，时任新坡镇镇长的周运方任前线总指挥，更是忙不过来，家里孩子上学，老人护理等全由妻子包下来……周运方正是有了这位贤内助，才可以放心地工作。

周家的特点是兄弟姑娌间非常亲近，兄弟相爱，姑娌和睦。周家两兄弟成家多年，今年哥哥已61岁，周运方也已经42岁，但兄弟二人从未闹过分家。周运方的嫂子吴菊花和李兰新姑娌俩从未红过脸，吴菊花身体不好，因腰椎间盘突出造成肢残偏瘫，不但干不了活，连自理都难。她在动手术时，李兰新就日夜守护在大嫂病床前……

周运方的父亲周炳文今年已经是96岁高龄，黄埔军校第十二期毕业的他在当地是个德高望重的老人，大家很尊敬他，家人对他更是孝敬，儿媳李兰新对公公更是无微不至的照顾。准时一日三餐，公公爱吃的东西就买。每天早上，都根据公公口味准备特殊早餐，晚上端热水给洗澡和烫脚。2004年9月，周炳文患病住进医院，2个多月的时间里家人轮流精心护理。行伍出身的周老性格刚强，但19年来从未对家人发过火，他常说："我长寿秘诀是：养身在动，养心在静，家和为静，家和是主要的因素"。周家以前住在镇上，村里亲戚的孩子都在她家里免费吃住上学，人数最多时竟住了18人，洗澡要排队，吃饭要两大桌。十几年来，从周家先后走出了6名大学生、1名军官、2名高中生，镇上的人都称周家是"翰林学院"。

"远亲不如近邻"，周运方一家之所以能得到众人的认可和尊敬，也是因为他们和睦的邻里关系。

周运方一家无论住到哪里,都时时处处以邻为善。富道村青年周振史,中学时父母相继去世,成为孤儿。他以优异成绩考上了郑州航空工业管理学院,但因没有经济能力想放弃。周运方知道了他的难处,主动捐款500元,并发动全村人为周振史捐款共9800元,使其圆了大学梦。村民周运标家失火损失惨重,但因生活困难无力重建,周运方家便捐款捐物并向全镇呼吁,取得社会捐款12000元给他,帮周运标家把烧毁的房屋重建起来。周运方家十分热心公益事业,村里两次建校他们一家捐款都是最多的。周运方联系好友赞助两万余元给本村,安装路灯、办起广播室、建起一座灯光球场。

"幸福的家庭都是相似的",但一个家庭能够和谐美满的背后却需要这个家庭成员共同的努力和付出。在基层工作多年的周运方不善高谈阔论,问他家庭和谐的原因时,他只是憨厚地笑笑,"尽管被评上'五好家庭',但我的家庭仍是普通家庭,平时遇到生活上的事情也都是普通的事情。归结起来还是比较传统的几条,尊敬老人,爱护晚辈,夫妻互敬,努力工作。最重要的是用积极的心态去对待一切事情。"

一个家庭,只有民主平等,这样的家庭才有会生机、生活才会充满活力,家庭才有人情味。对于一个家庭,要做到和睦平等,必须在以下四个方面做出努力。一是要做到夫妻关系的民主平等。夫妻双方对一个家庭来说至关重要,他们对长辈和晚辈起到一个桥梁作用,是家庭的中坚力量,夫妻二人要树立正确的婚姻观,只有正确行使在家庭中权利,切实履行自己在家庭中的义务,在家庭中应做到互敬互爱、互慰互敏、互让互谅,自觉加强思想和道德修养,才能以良好的道德观来规范和约束自己;二是亲子关系的民主平等,父母与子女之间的关系,是家庭关系的重要组成部分,包括父母抚养教育子女,子女赡养、尊敬老人等方面内容,亲子关系的和谐关系到整个家庭关系的和谐,父母与子女之间是平等的,应做到相互了解、相互接纳、相互学习、相互爱护、互相包容,在家庭中履行各自的义务,共同营造尊老爱幼、团结和睦、助人为乐的家庭氛围,共同创造美满和谐的家庭环境;三是家庭和其他关系的民主平等,处理好兄弟姐妹、婆媳、姑嫂等其他家庭关系,认清家庭其他关系成员的重要性,在家庭中应做到互相尊重、互相包容、互相体谅;四是邻里之间的民主平等,"远亲不如近邻,同楼就是亲人",邻里要相识相知,互帮互助,团结友爱,相互尊重,相互体谅,做到见面客客气气,有事相互帮忙,亲如一家人,架起温馨和睦的邻里之桥。

2

夫妻恩爱,互敬互爱同心同德

家庭稳定是社会稳定的重要条件。家庭稳定可以分解为两个方面,一个是家庭安宁,一个是家庭稳固。家庭争吵、家庭争斗破坏的是家庭安宁。离家出走、夫妻离婚动摇的是家庭的稳固。无论是家庭的不安宁还是家庭的不稳固,都极大的影响着社会的稳定,尤其是夫妻关系的不稳定对社会稳定起着很大的消极作用。因此,在五好文明家庭创建中我们应当特别重视夫妻关系的和谐。

我国建立什么样的婚姻制度,是关系到每一个家庭的幸福和国家兴旺发达的大事。中华人民共和国建立不久,在百废待兴的 1950 年,我国颁布的第一部法律就是婚姻法,充分说明我们党和我国政府对婚姻家庭问题的高度重视。这部婚姻法最突出的贡献是,把婚姻自由、一夫一妻、男女平等规定为我国的婚姻制度,并据此作出了一系列具体规定。回顾实施婚姻法以来的实践,可以看到,这种婚姻制度是符合我国历史发展要求和国情的好制度。新婚姻制度的确立和实行,为打碎封建婚姻制度提供了有力的法律武器,也为在我国普遍建立平等、和睦、文明的家庭提供了法律保障。

一次，夫妻二人决定坐下来好好谈谈。

妻子说："你有多久没有回家吃晚饭了？"

丈夫说："你有多久没有起床做早饭了？"

妻子说："你不回家陪我吃晚饭，我有多寂寞啊。"

丈夫说："你不给我做早饭吃，你知道上午工作时我多没有精神。老板已经批评我好几回了。"

"早饭你可以自己弄的啊，每天回来那么晚吵我睡觉，我怎么能起得来。你可以不回来陪我吃晚饭，我就可以不给你做早饭。"妻子不高兴地说。

"你知道我一天上班有多辛苦，压力有多大。一个晚饭，自己吃怎么了，难道你还是孩子，要我喂你不成？"丈夫也没有好气地说。

妻子抱怨说："你总是喝得烂醉而归，有多久没有给我买花，多久没有帮我做家务了。"

丈夫也不甘示弱地说："你知道你做的饭有多难吃，洗的衣服也不是很干净，花钱像流水，有多久没有去看我的父母了……"

就这样，夫妻二人你一句我一句地互不相让，最后竟翻出了结婚证要去离婚。

在去街道办事处的路上，他们遇见了一对老夫妇正相互搀扶慢慢走着，老妇人不时掏出手帕给老公公擦额头上的汗，老公公怕老妇人累，自己提着一大兜菜。这对年轻夫妇看到这个情景，想起了结婚时的誓言："执子之手，与子偕老。休戚与共，相互包容。"可是现在竟然……

于是他们开始互相检讨。丈夫说："亲爱的，我真的很想回家陪你吃饭，可是我实在工作太忙，常常应酬，并不是忽略你啊。"

妻子不好意思地说："老公，我也不对，不应该那么小气，你在外工作挣钱不容易，早上我不应该赖床不起的。"

"早饭我可以自己热，每天回家那么晚一定吵你睡不好觉，你应该多睡会儿的。"丈夫忙说，"刚才在家我不应该那么凶地和你说话，我知道自己身上有很多毛病……"

妻子也忙检讨自己……

就这样，这场离婚风波平息了。从这之后，夫妻俩变得互敬互爱，彼此宽容忍让，更多地为对方着想，恩恩爱爱。

家庭生活中导致婚姻失败、爱情终结的常常都不是什么大事，而是一些日常琐碎小事中的摩擦。白头偕老不是一句空泛的誓言，而是融入我们每一天的生活细节里的行动。白头偕老不仅仅需要爱情的支撑，更需要彼此的宽容和礼让，而这宽容正体现在日常生活中。

夫妻恩爱的感情、和谐的生活亦如鲜花。鲜花的盛开需要养花人认真的栽培、施肥、剪枝和适宜地浇灌。幸福的妻子需要好丈夫来呵护，如果妻子不幸福，那就是缺少了一个爱她的丈夫。当然，妻子应当是赢得丈夫爱的妻子。当丈夫的应好好回忆好爱惜家庭生活中的妻子，难道不是吗？是她给你一个温馨的家，两只操劳的手，三更不熄等您归家的灯，四季注意身体的叮嘱，无微不至的体贴和关怀，六旬婆母的微笑，起早贪黑对孩子的照顾，八方维护丈夫的威信，九下厨房为了您爱吃的一道菜，始终为您逝去的青春……，这就是您的妻子。如果某些方面做得不够好，可能是因为您的原因造成的。当妻子的应好好回忆家庭生活中的丈夫，难道不是吗？是他给你一个温暖的家，一个男人的责任，两肩挑起的重担，三更半夜的劳累，四处奔波的匆忙，无法倾诉的委屈，留在脸上的沧桑，七姑八姨的照顾，八上八下的波折，九优一疵的凡人，时时对家对子的真情……，这就是您的丈夫。如果某些方面做得不够好，可能是因为您的原因造成的。

有这样一对夫妻，丈夫是政府里一个不大不小的官员，妻子是一家国有工厂的工人。丈夫业余时间喜欢动动笔杆子写点东西，或捧着一本书读得津津有味；妻子漂亮热情，业余时间喜欢去舞厅跳跳舞。

起初，丈夫硬着头皮陪妻子去舞厅。但那种灯红酒绿的生活令他眩晕，他怀着厌烦的情绪劝导妻子不要再去那种地方，妻子却反驳道："如果我不让你看书，不让你写作，你愿意吗？"

　　丈夫哑口无言。妻带着胜利的微笑轻松地哼着小曲走了，房间里只留下妻身上那种醉人的香水的味道。丈夫愣愣地坐在沙发里，一支又一支地吸着香烟。他觉得妻子的理由是靠不住的，读书写字，乃文人雅趣，格调高雅，陶冶人的情操。幽暗放荡的舞厅，三教九流的闲人，有很多是穷得只剩下钱的人，在那里一起疯狂地摇摆，哪能与读书吟诗的雅事相提并论。

　　以前，家里的"财政大权"无需商量，自然牢牢地掌握在妻子手中，丈夫在劝妻子戒舞失败后，决心"冻结"妻子的经济来源。起初，他不再将自己的工资交给妻子，认为妻子微薄的工资一定供不起她每日去舞厅，经常换舞鞋以及购买高档化妆品，结果他发现妻子几乎把自己的工资全部花在了跳舞上。妻每天玩得高高兴兴，回到家中嘴里还哼着轻快的舞曲。于是，他只好另想办法。

　　他首先从妻子的屋中搬了出来，每日和妻"横眉冷对"，接着，又将一切家务一分为二，列出清单放到妻的床头。饭自然由妻来做，衣自然由妻来洗，孩子自然由妻来照顾，哪怕妻子由于工作忙而没时间洗碗，他也绝不动它一指头。因为那是"合约"上写明的，各司其职，绝不互相干涉。帮忙，岂不也是"干涉"的一种？至于经济上，他不但自己的钱分文不交妻子，甚至到妻的单位，利用他的"领导"身份，将妻的工资事先领走，妻找他理论，他却也振振有词："以前家中财政大权由你掌握，我说过什么吗？现在由我来管，有什么不可以？"妻竟也无言以对。

　　于是，妻也采取"冷战"政策，丈夫的衣服不洗，丈夫的饭不给做，丈夫的东西全被扔到"丈夫的房间"里，孩子，每人带一天，谁也不肯让步。总之，整个家似乎被分成了互不相融的两部分。

　　最后，妻子干脆辞掉了厂里的工作，自己去租了一组柜台卖服装。由于眼光敏锐，有胆有识，竟然干得有声有色，不久便自己开了一家时装店，作起了老板，财源滚滚而来，远非她昔日那点工资可比。"家"的名存实亡,在她的心中留下了阴影,她决定提出离婚。丈夫起初不同意,并以孩子可怜为由,试图留住妻子,但妻子去意已决,不可动摇。

"我们现在这样生活与离了婚有什么两样? 不同吃,不同住,互不干涉'内政'、'外交',我们跟两个没有任何关系的人有什么区别? 缺的只是那一纸离婚证书。"丈夫想想,再冷静地想了又想,觉得妻说的确实有道理,便同意离婚,一个原本很温馨很美满的小家庭就这样解散了。

由意见分歧互不相让到"各自为政,互不干涉",这个家庭由"名存实亡"走向了真正的破裂,这里面的教训不得不引起我们的思考与重视。一个巴掌拍不响,夫妻双方应经常想想自己的弱点和错误,多看对方的优点和长处,这样就会增进夫妻的感情,家庭和谐幸福之花就会常开不败。在日常的生活中多多宽容的对待对方,在细节中给予对方更多的关心和体贴,你会发现生活更美好了,家庭更和睦了。

家庭是社会的细胞,夫妻是家庭的核心,夫妻互敬互爱、互谅互让、互助互勉、互尊互慰、互依互帮是构成夫妻恩爱、夫妻贴心、夫妻治家的精神。在创建五好文明家庭中,夫妻俩始终坚持互尊、互敬、互依、互助,对生活、对工作、对学习、对家庭、对社会、对事业、对子女认识一致、言行一致,才能促进夫妻恩爱、家庭和睦。

3

孝顺父母,感恩父母赡养父母

我们中国有一句古话"百善孝为先",孝道是中国人的传统美德,孝顺是一切美好品质的根基,一个人如果连自己的父母都不孝顺,对长辈都不尊重,怎么会去爱别人,关心别人呢?所以教育孩子有很好的德行,教育孩子对人对事有很好的态度,就显得尤为重要。培养孩子关爱父母,关爱家人,就可以培养孩子的善良、礼貌、谦虚、勤奋等优良品质。每个人都知道要孝顺父母,但并不是每个人都清楚应该怎样尽孝道。有人认为,买房子,请保姆,吃大餐,去旅游就是孝顺父母,其实,这只能做到"外安其身"。孔子说:"今之孝者,是谓能养。至于犬马,皆能有养,不敬,何以别乎?"如果不能从心里尊敬父母,就不是真正的孝道。

天地重孝孝当先,一个"孝"字全家安。常言道"为国尽忠,在家尽孝。""孝尽父母的事情永远不能等"!孝心不是用钱能够得到全部表达的。父母要那么多的钱干什么?父母吃不了多少,穿衣也用不了多少,更不是在这种时候你还自鸣得意的认为老人是欠了你的,甚至为此而和老人怄气!父母所缺的应该是与儿孙其乐融融的相处!他们所缺的是在他难于动身时的一个代步,在他口渴时的一杯茶水,在他寂寞时候的陪伴,儿女在外都忙能每周按时聚在一起,在他生病时的一次次问候……这些都是父母内心所渴望的!

24岁的吉林省安图县小沙河乡党委副书记宋顺女婚后不久,丈夫就在一次国防施工中身负重伤,高位截瘫。经历了最初的痛苦后,她重新振作起来,用感人肺腑的爱,常人难以想象的辛劳,边工作边照顾丈夫,创造了瘫痪病人近30年无褥疮的奇迹。丈夫致残,她送小叔到军营。小叔牺牲了,她让儿子、侄子、侄女穿上军装。在病榻前、轮椅旁,夫妻相依相伴,宋顺女向世人展现了一个崇高、圣洁的灵魂。

家庭美德是维系家庭关系、保障家庭温馨幸福和社会文明健康发展的重要条件。但专家也提出,作为社会最基本的细胞,家庭中的美德也要紧跟时代步伐,适应社会的发展。

在全国一些大中城市,敬老院、老年公寓成了"托老所",将老人送到那里的年轻人不再被人称作"不孝顺";曾引起争论的老年人再婚为更多人所接受;婚前财产公证、家庭理财AA制开始盛行;老夫少妻和妻大夫小为人所接受……许多专家和学者指出,在社会主义市场经济新形势下,不能把商品的"等价交换"原则应运于家庭伦理道德领域。只有在道德教化和法律规范的双重保护下,老人的赡养、夫妻的和睦相处、孩子的健康成长等等,才能得到最好的保障。

1996 年,党的十四届六中全会第一次把家庭美德建设写进了党的决议——《关于加强社会主义精神文明建设若干重要问题的决议》,倡导"尊老爱幼、男女平等、夫妻和睦、勤俭持家、邻里团结"。在"五好文明家庭"创建中,各地以人为本,重在教育。针对社会上敬老不足、爱幼有余的状况,山西省妇联以爱老敬老为主题,开展了"尊老敬老好儿女"系列活动,一年中共宣传好儿女典型 5 万余人,签订养老协议 3.25 万余份,受教育人数 1600 余万人;江苏省开展"读书工程"活动,建立农村文化中心户44.5 万个;上海市家庭志愿者已达 30 多万户,近百万人参加,与困难家庭结对 3 万对,4 万个楼组开展了小事不出楼活动;武汉的"周末卫生日"活动有 300 多万人参加;北京市的"三八"服务组经常活跃在孤老病残和军烈属家庭中,给他们送去温暖和真情……

家和万事兴,家齐国安宁。在家庭美德建设中,千百年的"家训"、"治家格言"需要继承和发展,夫妻、长幼、邻里需要更多的尊重、理解和关心。如果每一个家庭都能使老人们受到充分的敬重,使子女们得到全面的培育,家家家风好,就一定会促进全社会的风气好。

中国是个历史悠久的礼仪之邦,老祖宗传下来很多优秀的美德,孝顺是其中最重要的一个。老年人是一个家庭的重要组成部分,孝敬父母应该是天经地义的。夫妻相敬如宾,又都关心、孝顺双方的父母,家庭不就其乐融融、快乐又健康了吗?每个人都是要变老的,家庭千万不能忽视对老年人的关心。让老年人快乐健康 100 岁,这是做儿女的福分。老年人也可以给正在婚恋阶段的儿女提个醒:找对象最重要的条件,就是要孝顺父母。如果连自己的父母都不敬、都不爱,试想他(她)会爱你吗?

社会学专家认为,家庭是创建和谐社会的最基本的细胞。家庭和谐,社会才和谐。而儿女们如何更好地孝顺老人是家庭和谐的最重要因素。我国已进入了老龄社会,全国老年人已达 1.3 亿以上。儿女常回家,是光"看看"? 还是更要"干干",给老人以更多的关爱? 目前已成为如何建立和谐社会的一个新的热门话题。儿女回家是怎样"常看看"的？它如同一面镜子,把儿女们的孝心展现得清清楚楚。

4

疼爱孩子,给孩子一个最温暖的港湾

　　父母是世界上最伟大的人,总是无私地疼爱自己的孩子。父母的爱永远是世界上最伟大的爱,尤其是母爱。有的母亲甚至牺牲自己以换取孩子的生命。为了生下孩子而放弃自己生命的母亲,为了救出大火中的孩子而不顾个人安危的母亲,等等,这样的事例不胜枚举。

　　天下没有不疼爱子女的父母,但如果把爱他们看成是给子女们提供丰厚的物质财富明显是狭隘的,这样只会使他们没有自我奋斗的意识,丧失独立创业的能力。家庭是社会的细胞,父母是孩子的第一任教师,为了子女的前途,父母们都用心良苦,而最后的结果常常不尽如人意,原因何在呢？这主要是由于他们爱孩子的方式不正确,父母缺乏明智的家庭教育所致的。

　　在教育孩子成才的同时,要教育孩子成人,要知道成人比成才更重要。在一些父母们看来,孩子的分数是最重要的,只要孩子学习好,就万事大吉。父母们往往忽视了诚信、义务、合作等良好品德的培养,忽略了健康人格的构建,因此就容易造就出一些智力优秀的"歪才"、"邪才"。

　　中央电视台《新闻调查》播放的《"神童"的成长》节目中,讲述一位湖南神童魏永康的成长故事。

　　这个"神童"四岁开始读小学,三年时间完成了小学六年的课程,在八岁时,他进入中学学习,13岁开始读国家重点大学——湘潭大学，17岁就考上了中科院的硕、博连读。可是尽管他智力超群，但是各方面的机能却非常短缺，他的自理能力也特别差。上大学时，魏永康从未自己洗过衣服和袜子，陪读的母亲从来也没有要求他洗过，洗头都是母亲给他洗的。在"万般皆下品唯有读书高"的母亲眼里，只有学习才是最重要的。他的母亲经常跟他讲：这些事不会做不要紧，将来读博士毕业，当上科学家后，可以请保姆帮忙，只要专心搞他的事业就行了。在魏永康的成长过程中，由于母亲的陪读和严格的监督下，他缺乏了自己的空间，没有时间和同学们进行接触，所以一天天长大成人的他，却不懂得如何跟周围的人交往和交流。由于长期生活不能自理，并且知识结构不适应中国科学院高能物理所的研究模式，已经上了三年研究生的魏永康，最后被中科院退学回家了。

魏永康中止学业回家一事，在全国引起了轩然大波。对于今日的魏永康来说，完全归咎于他妈妈的教育方式，与其说是孩子的"神童"路，倒不如说是母亲的"神童"梦，成与败都是他妈妈一手造成的。魏永康的人生历程，是一幕现代版的《伤仲永》，让人深思，令人伤感。

家庭教育的空间一定要留给孩子。生活中我们很多家长剥夺了属于孩子提升的空间，不给孩子任何发展的机会。其实教育是多角度多层次全方位的，智力的开发固然重要，而非智力因素的培养，更是衡量孩子能否成才的标志。

《明明白白我的心》、《梦醒时分》的演唱者陈淑桦7年前突然失踪了，直到最近才有人在一个偏僻的山村找到她。原来她因为母亲突然过世得了自闭症。陈淑桦的童年尽管家境一般，但母亲对她照顾无微不至，甚至她灌制唱片也都是母亲安排的。当有一天母亲突然离世，她几乎变成了废人。

很多家庭中存在这样一种现象：孩子犯错时，夫妻一方严肃指出孩子的毛病，另一方马上哄孩子。这样往往让孩子无所适从，不知该接受哪一方的观念，甚至会造成很多不良影响。"望子成龙，望女成凤"是很多家长的愿望，但如果孩子没有达到要求，家长就会把情绪一股脑地发泄在孩子身上。还有些家长，不惜花大钱让孩子上各类补习班，剥夺了本应属于孩子的快乐，而不关注孩子是否需要这些，也不去想孩子是否有天赋和兴趣。

一个人的成长过程中，家庭是他性格着色的第一个染缸，家人是他行为塑造的第一任教师，所以为人父母言传身教尤为重要。如今，有些父母自己挥霍浪费、嫖赌逍遥，却要求孩子艰苦朴素、勤俭节约；有些家长自己看不起读书人，却要自己的孩子学有所成等等。其结果往往事与愿违，主要是因为他们只注重言教，而不注重身教。孩子生下来就是一张白纸，他通过观察和模仿学会生活，而父母的一言一行对他们都有着深刻影响。父母不屈不挠、奋发向上的人生态度和人格力量为孩子树立了良好的榜样。有时，父母并不经意的一笔，往往有时会出现意想不到的效果——或是大写意的泼墨画；或是污染了整张白纸。为了孩子明天的灿烂，做家长的一定要小心描绘今天的一笔一画。

在"五好文明家庭"创建活动中，家长应从以下几方面为孩子创造一个良好的家庭氛围：

一、良好的生活环境

家庭是人们基本固定的生活场所，人的一生大部分时间是在家庭中度过的。孩子的生存离不开家庭，首先家长应为孩子创造一个良好的生活环境。尽管每个家庭因经济水平，住房条件各有不同，其布置标准不可强求，但居室布置整洁，色彩素雅谐调还是可以做得到的，这样，可以使孩子能生活在一个环境舒适，宁静，温暖的家庭中。有些家庭不注意环境布置，不讲究清洁卫生，家中家具陈设杂乱无章，污垢处处可见，让人有一种无插足之地的感觉，这样的环境不利于孩子身心健康发展。还有的家长尽管经济条件很优越，家中布置很有现代气派，家长却忘了给孩子一个游戏的天地。有的家长极讲清洁卫生，各处一尘不染，对孩子限制太多，这也不许玩，那也不许坐，使孩子行动极受限制，这都是不可取的。

二、良好的作息时间和生活习惯

家庭要形成比较固定的生活作息时间，包括休息，吃饭，娱乐，工作，学习等，每个家庭成员都要自觉遵守，长此以往会促使时间观念的形成，为今后走进社会，自觉遵守集体纪律，维护社会秩序，讲究社会公德的良好品行的形成打下基础。有的家庭虽为孩子制定了作息时间表,家长却把自己作为局外人,有的甚至通宵达旦地搓麻将,喝酒划拳,有的看录像电视成瘾忘了正常作息,有的沉醉在舞厅的乐曲声中乐而忘返等,这样都会给孩子造成很坏的影响。所以,家长一定要以身作则,树立榜样,认真培养孩子的良好作息习惯。家庭中每一成员还应注意卫生习惯,如饭前便后的洗手,定时换洗衣物,不随地吐痰,扔脏物,经常保持清洁卫生,按时打扫房间。

三、和睦的心理气氛

家长还应为孩子在家庭中创造一个和睦的心理气氛。家庭成员和睦相处,平等待人,互相关心,互相信任,互相体谅,即使发生矛盾也能顺利解决。研究表明:在民主和睦文明的家庭中成长起来的孩子,表现出情绪稳定,情感丰富、细腻,性格开朗,团结友爱,有自信心等特征。这是因为文明家庭能给孩子以安全感,使其感到温暖、幸福、愉快;其次是满足了孩子的归属感,在家庭中孩子能感到被爱、被尊重,也学习到如何爱他人,如何尊敬他人,从而增强了自尊和自信,当孩子遇到困难,挫折而灰心沮丧时,可以从家庭的中吸取力量,得到指引。

有的家庭夫妻不和,互相指责,经常吵架打架,对儿童的身心健康十分有害。乌鲁木齐市少年管教所曾对少年犯作过一项调查,发现40%的孩子是由于父母离异无人管教而走上了犯罪道路。为此家长要为孩子的一生负责,对家庭应有高度的责任感,使孩子能在民主和睦的气氛中成长。

5

搞好婆媳关系,互相包容互相理解

婆媳关系紧张引起家庭矛盾,是社会的一个普遍现象。有人说婆媳关系难以调和,是因为婆婆有"媳妇熬成婆"的思想,补偿心理在作祟。而如今的媳妇,却容不得半点委屈,加上没有血缘关系,两者本来就是陌生人,女人对女人时,都注重细节,稍不注意,就会引起家庭风波。其实,现实生活中,也有不少婆媳关系处得好的,婆婆背后夸媳妇,媳妇人前赞婆婆的故事。

婆媳关系自古以来就很复杂。婆媳双方要妥善处理彼此之间的关系,首先得对这种人际关系有正确的认识。婆媳双方都要承认对方有独立的人格和经济地位,双方之间的关系是一种平等的人际关系,而不是一种一方必须依从于另一方的支配与被支配的关系。认识到这一点很重要,如果双方或一方对这种关系缺乏正确的认识,认为对方必须或应该听从、服从自己,从而把这种平等的人际关系视为支配与服从的关系,则必然会在行动上、态度上表现出来。由此导致双方关系的失调。

在创建"五好文明家庭"活动中,婆媳之间的相互尊重要求双方有事全家协商处理,如经济开支、涉及全家的事务等要共同商量,养成民主家风;而属于个人的"私事",则应互不干涉,个人享有"自主权"。作为媳妇,要多尊敬婆婆,因为婆婆年岁大,管家经验丰富;做婆婆的也不要总是在媳妇面前摆架子,要看到儿媳的长处,多尊重儿媳的意见。也就是说双方要相互配合,彼此尊重。婆媳长年生活在一起,难免会发生一些不协调的事情,这时就更需要双方相互谅解。所谓"谅解",就是站在对方的立场去考虑问题。我们的先辈在处理人际关系中所提倡的"设身处地","以己度人"、"己所不欲,勿施于人"等原则,都包含着谅解的思想,是处理人际关系的"金玉良言",也完全适用于处理婆媳关系。

有一老翁,有子媳各三,但一家相处融洽。一日闲聊时,老翁谈起与媳妇的相处之道。他举例说,一次大媳妇煮点心,先盛一碗给他,并半征询半内疚道:"刚才我好像放多了盐,不知您会不会觉得咸了点?"阿翁吃了一口,即答:"不会!不会!恰到好处呢!"此后的一次,三媳妇煮点心时也给他送去一碗,说:"我一向吃得较为清淡,不知您口感如何?"阿翁喝了一口汤,忙答:"很好很好,正合我的口味。"结果自然是皆大欢喜。

有位做爸爸的则恰恰相反,对儿女买的东西,他总嫌贵,骂年轻人浪费,不懂节制;对儿女煮的饭菜,他也怨言颇多,或咸或淡或油放多了;连对女婿也不给面子,当着众人的面责怪他笨,挣的钱比别人少,最后弄得大家都不开心。以后年轻人买吃的用的都背着他,有什么事也不同他讲,结果这位当爸的不仅错过很多好东西,连家人都疏远他了。

常言道:"家家有本难念的经",其中一本就叫"婆媳经"。要发展良好的婆媳关系,双方都需要学会谅解对方、体贴对方。如果婆媳双方在相处中都能设身处地为对方着想,相互谅解,婆媳非但不会出现大的矛盾,而且还会发展得如同亲子关系那样密切。

一、避免争吵

婆媳之间出现了分歧、产生矛盾时,双方一定要保持冷静的头脑。即使一方发脾气,另一方也应克制自己的情绪反应,等对方情绪平静之后再商讨处理所存在的问题。心理学家告诉我们,消极而强烈的情绪容易使人失去理性,导致冲突升级;争吵还具有"惯性",即一旦因一点小事"开战",日后往往有事便吵,久而久之,成见会越来越大。因此,当一方情绪反应激烈时,另一方应保持冷静与沉默,或者寻机走脱、回避,等事态平息后再交换意见,处理问题。

二、婆媳双方平日有了意见,切忌向邻居、同事或朋友乱讲

我国民间有这样一句俗语:"捎东西越捎越少,捎话越捎越多。"说的就是"传话"在人际关系中的不良作用。婆媳失和,向亲朋邻里诉说,传来传去,面目全非,只会加剧矛盾。作为婆媳,应引以为训。

一位作家讲了这样一个故事:

表姐再一次和婆婆发生冲突以后,跑到我家诉苦。当时,我正好有篇稿子要写,无暇陪她。表姐就和我婆婆闲聊起来。表姐无奈地说,她婆婆不讲卫生,做菜无味,整天唠叨,让人生厌。我婆婆打断了她的话:"你该向这个'糊涂'妹妹学学,她不嫌我这个乡下老太婆,我在这里一住就是5年。我炒的菜明明盐放多了,可她还说好吃!前天刚给我100元零花钱,今天早上又问我还有没有零钱用。"婆婆一边说,一边呵呵笑起来。写完文章,我打开洗衣机准备洗衣裳,可左看右看却找不到早晨刚刚换下

的衣服。"妈,看见我的衣裳了吗?"我打断了她们的谈话。可婆婆却一拍脑门,笑着说:"瞧我这老糊涂,刚才一不留神把你的衣服给洗了。"我抱住婆婆的肩膀,故作生气地说:"妈,您怎么总犯糊涂呀!我提醒您好几次了!"婆婆回应我说:"我本事挺大的吧,还能把你也带糊涂了呢!"

表姐看着我们婆媳之间亲热的样子,愣了一下神,好像若有所悟地点点头。当晚,表姐决定在我家过夜,顺便和我好好聊聊天。我们姐俩躺在一张床上,回忆着美好的往事,谈到最后,她深情地告诉我:"以前我总羡慕你有好婆婆,现在终于明白了,你们之间的糊涂可真难得啊!不计较小是小非,什么事都好办了!我以后真得好好向你学习。"

从我家回去以后,表姐也当起了"糊涂"媳妇。令人欣慰的是,不久以后,她婆婆也被"传染"了,也跟她一起"糊涂"起来。以后,她们家再也看不见"硝烟"了。

婆媳关系是家庭中最难处理的关系,婆媳矛盾则是一个令清官也为之发愁的难题。在婆媳矛盾的背后,隐伏着母子之爱和夫妻之爱的竞争,这种竞争往往是无意识的竞争,事实上却是婆媳矛盾激化的一个很重要的因素。父母为了把子女抚育成人,付出了大量的心血,倾注了大量的爱。一般说来,到成家之前,儿子总是把母亲视为自己最亲的亲人。但是,一旦儿子结了婚,组建了自己的家庭,开始感受到夫妻之爱,这时,母子之爱便自然而然地降至次要的地位,儿子新家庭的利益不可避免地放到了他原来家庭的利益之前;而且,儿子在生活中遇到了什么问题,首先关心他的总是媳妇,而儿子也总是把生活中的酸甜苦辣更多地、更主动地向媳妇倾吐,把媳妇视为"第一参谋"。这时,做母亲的便会感到感情上受到了冷落,加上儿子成家以后同自己的接触较以前大为减少,做母亲的如果不体谅,便会埋怨儿子"娶了媳妇忘了娘",而把一肚子的怨气一股脑儿全倾泻在媳妇身上。因此,做母亲的要有"宰相肚里能撑船"的气度,看到儿子和媳妇相亲相爱,齐心持家,应该为之感到高兴,切不可妄生被冷落之感和疑忌之心。

当然,作为儿媳要和婆婆搞好关系,除了物质上孝敬之外,还应注意和婆婆搞好感情交流,消除心理上的隔阂。只有彼此心里及时沟通,双方的心理距离才会缩短。因此,做媳妇的平日里要经常向婆婆问寒问暖,每逢老人身体不适,更需悉心照料,使老人在精神上得到安慰。

婆媳关系本来就是亲子关系与夫妻关系各自的延伸而形成的一种新的家庭人际关系,儿子在婆媳关系中扮演着"中介"角色,儿子作为婆媳关系的中介点,对婆媳双方的性格特点最为了解。因此,儿子在处理婆媳关系中起着十分重要的中介作用。这种作用主要是:第一,儿子可以帮助婆媳进行心理沟通。所谓"沟通"就是人与人之间的心理和情感上的回流。通过儿子的沟通,婆娘之间可以更轻易地消除心理上的屏障,增进感情。例如平日家中有什么关于婆婆的好事,儿子可以多叫妻子出面,母亲过生日,买了东西叫妻子出面送给老人等。这些策略都有助于婆媳之间的情感交流。第二,婆媳之间发生矛盾时,儿子可以起疏导作用。由于婆媳之间既缺少母子间的亲切。又没有夫妇间的密切,因而出现了隔阂往往不容易消除,通过儿子从中周旋,可以消除心理屏障,使婆媳和好如初。其实,处理好婆媳关系还有很多有效的办法,只要用心去做,真诚对待,婆媳关系并不是不可调和的。

6

恪守婚姻道德,夫妻间互相信任互相忠诚

对爱情的珍惜,是爱情和婚姻道德的一种反映。爱情是婚姻的基础,我们的婚姻应该以男女双方的互爱为前提。青年人一旦有了爱情就应该懂得怎样珍惜她,以便使婚后生活更加美满幸福。我国《婚姻法》第一章第四条规定:"夫妻间应当相互忠实、互相尊重。"只有夫妻间相互忠诚,

相互尊重,维系好夫妻感情基础,才能创造出和谐、美满的婚姻生活。

夫妻之间无论在工作上还是生活上,一定要彼此信任,因为有些时候,彼此在工作上难免接触一些异性,难道这个时候,你要去怀疑对方吗?不可以的,因为世界上本身就是男男女女组成的,有个异性同事之间联系也是很正常的,如果今天你有因为爱人与异性工作的关系接触怀疑自己的爱人,那样可是对你们感情的侮辱,也是对你的枕边人的太不信任了,爱你的爱人吧,如果可以百忙之中可以抽出短暂的时间,去把你们的爱情和亲情升华一下吧,也许这样在精神上是不小的收获哦。一个彼此信任的夫妻,彼此关爱的夫妻,生活一定会幸福的。否则,就会上演着家庭的悲剧,这应该足以使我们们警醒。

记得有篇小说讲述了这样一个故事。

丈夫赵山深深地爱着他漂亮的小妻子梁晴,他像一位老大哥似得整日看护着妻子,从走路姿势到头发式样,从一言一行到一举一动,从口红的浓淡到穿裤子还是裙子,可以说,他把他满腔的爱都恨不得全部倾注在妻子身上。对于他这种"老大哥"式的爱,他的妻子梁晴腻烦透了,她渴望冲出丈夫精心编织下的爱网,自己独立到外面闯一闯。于是,经朋友介绍,她进了一个剧组,她认真的工作态度和高效率的工作赢得了导演的好评。

有一次,天下起了雨。下班后梁晴发现自己忘了带雨伞,她正准备冒雨回家时,导演关心地说:"小梁,我用摩托车送你回家吧。"梁晴点点头答应了。

就在导演带着梁晴冲出剧组大院时,迎面正碰上赵山骑着自行车给梁晴送伞。由于雨很大,坐在导演身后的梁晴没有发现丈夫赵山的身影,摩托车滑出一股黑烟,一溜烟地冲进了雨幕。赵山手里拿着雨伞,痴呆呆地望着两人远去背影。于是,赵山便断定妻子梁晴和导演有染,一怒之下,请了长假,去广州度假。

赵山走后,梁晴竟然意外地发现自己怀孕了。做母亲的喜悦使她忘记了和丈夫之间的不快,她欣喜若狂地打电话告诉了丈夫。谁知,一瓢冷水浇灭了她的喜悦,电话筒那头传来丈夫冷冷的声音,冷得让人浑身打战,仿佛那是从地狱中吹来的阴风。

"我不想要一个别人的孩子,你应该把这个好消息告诉你的导演。"说完,"啪"的一声,电话挂断了。丈夫的无情和多疑反而使梁晴生下孩子的决心更加坚定了。十月怀胎,一朝分娩。孩子那圆乎乎的大眼睛和上翘的小鼻子活脱脱是他的再版,事实不说即明,孩子无疑是他的亲骨肉。

赵山后悔了,他使用了各种办法想挽回他的过失,唤回妻子的爱,但是,妻子梁晴那颗冰冷的心再也无法暖和过来。他们只好分手了。

诚信,是我们现代文明社会所提倡的一种社会美德。在创建"五好文明家庭"活动中,夫妻间的相互信任、忠诚,更是维系双方感情的纽带。但是,在现实生活当中,夫妻间因一些矛盾和误会彼此间存在着或多或少的信任危机,如何来解决这种夫妻间的信任危机? 我们给你提出以下建议:

第一,信任会随着时间慢慢地建立起来。当你确信配偶会陪伴着你时,就会树立信任感。研究表明,与对他人的一般信任不同,对配偶的深层信任只有在经过一段时间以后,相信配偶会始终陪伴着你时才会产生。如果在一段长期的考验中,没有发生严重破坏信任的事件,那么信任的重建会是最理想的。你可能会慢慢地恢复对他的信任,但这还有赖于承诺和共同生活的新方式。他们已承受不了彼此间再产生同以前一样的隔阂了。

第二,夫妻双方承担适当的责任,能为重建信任创造最大的良机。为恢复对他的信任,你所能采取的最佳行动就是为自己的行为承担全部责任。如果你看到他在自觉自愿地尽其所能恢复夫妻关系,那么她对他的信任就会增长,对局面的改观就会产生信心。正如前面所述,如果你能清楚地看到配偶对你的奉献,就能比较容易地建立信任感。你也能帮助他重新建立对她的信任。首先,他需要知道她不打算以后用这件事威胁他。她能真正原谅他吗? 如果她总提及这个外遇事件,尤其是在双方争吵时以此作为武器,那么即使她表白自己继续发展亲密的夫妻关系的愿望,他也不会相信了。

第三,如果你们夫妻间已失去了信任,那就应清楚地认识到,进一步损害信任是轻而易举的，而要重建信任却很难。恢复信任需要很长的时间，但破坏它却是转瞬之间的事。他如果每晚都在家中陪伴你，并且不断努力，那么她对他的信任就能一天天增加。反之，他倘若没有一个好的理由，却晚回家了两个小时，你的信任就会倒退一大步。错误总会发生，因此改正错误的承诺必须很明显，它能表明夫妻有时间和动力去重建信任。

第四，监视不会增加信任。为了确信配偶没做任何错事而整天对他（或她）寸步不离，是不能获得信任的。古人云："人之相知，贵在知心。"夫妻之间更需加强了解以求心心相印，杜绝猜疑的发生，有的人疑心很重，就像鲁迅所说："见一封信，疑心是情书了；闻一声笑，以为是怀春了；只要男人来访，就是情夫；为什么上公园呢？总是密约。"猜疑是夫妻关系的大敌，是感情破裂的一大隐患。生活中遇到怀疑的事，不宜过早下结论，要客观、理智地去分析，才能够了解真相。作为夫妻来说，首先要做到是互相信任，不要在没有发生的事情上猜忌对方，无论是男人也好女人也吧，要给对方彼此的信任，不要因为对方与异性的一些接触或者联系之类，就猜忌对方，要知道爱一个人就要无条件的相信一个人，一个自由的天空是每一个人希望有的，因为没有人不爱自己的家的，如果你不相信她（他）就相当于在把本来彼此亲切的爱人，在慢慢地变成陌生人，难道这会是你所想要的吗？

7

与邻里友好相处，互帮互助亲如一家

邻里团结互助、融洽相处是社会主义新型道德关系的重要标志。良好的邻里关系不仅能创造安宁的生活环境，还有利于营造稳定、健康的社会交流环境。"五好"文明家庭建设有赖于社会经济、政治、文化的发展,有赖于家庭外部环境的改善。只有社会的公共环境建设不断完善,才能为和谐家庭建设营造良好的外部环境。

　　在一个小城市,有这样一对邻居,女人是个善良温柔的好妻子,和丈夫生活得很幸福。而她们的邻居是性子比较急躁的人,爱发脾气,心情不好时,会与家人吵架,甚至大打出手。她适当的劝解适时发挥了巨大作用。他们安排邻居妻子住在自己家,邻居丈夫一开始还赌气,自己给孩子做饭,忙里忙外,夜深人静时,才体会到妻子的温柔体贴,总会在自己忙得不可开交时倒一杯热茶,总把家收拾得井井有条,妻子轻柔的话语比谁的安慰都重要。他终于意识到自己并不是不爱她,只是脾气暴了点,都是自己不好。他想妻子住在了朋友家,但到处找都找不到。后来,才知道他住在邻居家,自己过去赔礼道歉,终又重归于好。在那几天中,邻居也不断地安慰她。她也想到了丈夫对她的体贴关怀,已经不再责怪丈夫。

在这件事发生的整个过程中,邻居的确起到非常重要的作用。如果没有邻居的帮助,我们很难想象事情会发展到何种程度。好邻居会为和谐的邻里关系而努力,当别人家有了不愉快的事,会全力帮助解决,尤其是这样的家务事,邻居恰当的方法,能帮助家庭恢复功能。

　　俗话说:"远亲不如近邻。"大家生活在一栋楼里,如果平时只顾自己,不管他人,一旦遇到急难事时,又有哪个邻居愿意来帮忙呢?因此,建议邻里之间彼此多多关照,这样,一旦有个大事小情,大家互相帮助,不仅邻居方便,自己也方便。现在的邻里之间就像站在高楼林立的大厦顶层,望着灯火辉煌的城市,心里很是惬意。其实,如果每个人都能够礼貌、和谐的生活在一起,那这世界就更完美了。

　　大埔县湖寮镇好公民肖纯英,下坜村民都叫她"纯婆"。上个世纪50年代从百侯嫁到下坜村,早年丧夫。她含辛茹苦养育儿女,如今三世同堂,家庭和睦,过上了幸福生活。她乐善好施,总是教育子孙事业有成后要回报社会。母慈子孝,村里大大小小公益事业,修路筑桥都凝聚了肖纯英老人及其儿孙的爱心,村里的困难家庭都得到过她的帮助。几年前,她因病住院,每天前来探望她的村民都站满了病房。因为她的爱心,使许多需要帮助的村民得到了温暖;因为她的宽容,邻里之间化解了许多心中的恨;因为她的慈心,感染了众多村民,村里更加团结和谐。

远亲不如近邻,这是邻里关系重要性的生动写照。邻里关系最大的特点就是它与日常生活的紧密联系性,邻里之间在琐碎而平凡的交往中,可以感受到特有的生活情趣,感到比较稳定、及时的生活支援和精神慰藉。

现有的邻里日常交往中有三种表现形式:各扫门前雪的独处式,以邻为壑的损人式,助人为乐的支援式。前两者都是自私自利思想观念的表现,助人为乐式的家庭与人和睦相处,不计较个人得失,乐于热情助人,有牺牲精神,在邻居中享有较高威望,这样的邻居是为大家所欢迎和我们所提倡的。良好的邻里关系,是建立在遵循公共道德准则基础上的,为邻居着想,善以待人,互助互利是搞好邻里关系的关键。

在创建"五好文明家庭"中,增进邻里关系,可以从以下几个方面入手:一是多相帮。把邻居当作亲人,有喜同庆,有忧同担。邻里之间相亲互助,一人有难,四邻相帮,邻里之间便会感情相投,形成亲密的关系。二是勤交往。邻里之间有些人交往较多,但有相当多的人因工作忙,家务多,没时间交往;还有的自恃清高,互不理会;最差的是因闹了矛盾纠纷,从此井水不犯河水,老死不相往来。平时不注意与邻里交往,一旦家中出现困难,便难于得到邻居的帮助。三是多协商。邻居之间产生小的磕磕碰碰是难免的,只要双方平等协商,相互谅解,问题总是可以解决的。四是多相让,邻里间遇到大大小小的矛盾是正常的,尤其是在公共设施使用上,大家要不争多让,增进邻里团结。

第五章 "五好文明家庭"之"移风易俗,少生优育好"

　　新时代,新风尚。创建文明家庭要在全社会形成崇尚文明新风、破除陈规陋习、展示美好形象、建设美好家园的氛围;要使每个家庭更好地了解计生政策、优生优育、避孕节育等有关知识,切身感受到计划生育工作的重要性和迫切性。提高出生人口素质,事关千家万户幸福,事关国家和民族未来,对促进人口大国向人力资源国转变具有重要的战略和现实意义。因此移风易俗,少生优育是创建"五好文明家庭"的重要一环。

1

建立文明、健康、科学的生活方式

　　人生活在社会中,要以一定方式生存和发展,每个时代的人都有每个时代的生活方式。如今,历史的车轮已疾驰在现代文明的 21 世纪里,选择和追求文明健康科学的生活方式,是社会主义现代化建设的新历史时期和社会主义精神文明建设的要求,只有以文明健康科学的生活方式作为现代生活的文明导向,才能使人们的生活适应和促进社会主义现代化建设,有利于提高人的自身文明素质。

　　一个社会人们的生活方式是否文明健康科学,不仅关乎个人的生存的发展,也关乎社会的进步和发展。文明健康科学的生活方式是促进社会进步、推进物质文明建设的巨大力量。生活方式的更新变革,往往是社会变革的先导,推动着社会的发展和进步。消费方式是生活方式的一个重要方面,生产刺激消费,消费促进生产,社会生产正是在这种良性互动中不断发展。消费需求的多样化和合理化,会不断刺激社会生产的发展和生产结构的合理化,形成推动生产力发展的巨大动力,对于我国全面建设小康社会和物质文明建设必然起到巨大的推动作用。当前社会中生活方式中的不良倾向有:

　　1.急功近利。有的人心态浮躁,以赚大钱为生活目标,急功近利,为了赚钱不惜一切。

　　2.奢侈消费。有的人在物质生活上与人攀比,总想通过奢侈消费来炫耀自己的支付能力,表明自己的社会地位优于别人。

　　3.习惯不良。不少人缺乏健康的饮食知识,胡吃海喝,不讲营养构成及饮食适度；一些人在闲暇时光整日泡在牌桌上以赌为乐，甚至通宵达旦，浪费宝贵光阴，危害身心健康；还有一些人沉迷于夜生活，声色犬马，乐不归宿，不但影响工作和身心健康，还常常引发家庭矛盾。

文明健康生活的具体内容：一是指生理健康，即通常所说的身体健康；发育正常，没有病或少生病。二是指心理健康，即有良好的心理状态，善于控制自己，情绪稳定，乐观自信，奋发向上，友善待人。三是指能良好地适应社会环境。如今社会生活节奏快，竞争加剧，人们遇到的新矛盾增多，如果不随之提高适应社会发展的能力，就有可能得身心疾病。四是指道德崇高，在我国就是指符合社会主义道德要求的生活方式。文明健康生活方式核心内涵是社会主义的伦理价值观。其内容包括健康的体制观、健康的审美观、健康的消费观、健康的娱乐观等。

文明健康科学的生活方式是社会主义和谐社会所倡导的一种新型的进步的社会生活方式。它是人类文明进步成就在现代社会生活中的体现，反映了社会主义精神文明的价值取向，有利于不断提高人自身的文明素质，能够促进社会生产力的发展和社会进步。它能够培养人的乐观向上、积极进取、和谐友爱的生活态度和审美情趣，有益于人的身心健康和全面发展，形成良好的社会生活风尚。

2011 年 7 月 23 日，由《东南商报》《社区广场周刊》、宁波电台经济广播《社区天地》栏目和宁波国际会展中心家居饰品展示交易区联合举办的"中国移动·宁波月月评'幸福新生活·饰在必行'甬城最能干的巧媳妇"评选活动决赛拉开。通过自我介绍、作品展示、才艺表演三个环节较量，甬城最能干的巧媳妇产生。一等奖得主是孔雀社区的唐磊磊，二等奖为明南社区的沈珠和朝晖社区的郑建亚，三等奖则由庆安社区的林梅云、泰华和牡丹社区的许明红获得。

相比于初赛，在决赛时，各位选手准备得更加充分，特别是在才艺表演环节，几乎所有选手都"披甲"上阵：黄灿灿的新疆服饰、活力的美少女运动服、时尚的朋克风格服饰等。别小看这些服装，大部分是参赛选手自己制作的。

巧媳妇的一双巧手在作品展示环节中得到了很好的体现。

明南社区沈明珠做的环保纸巾盒是废物利用的典范作品。五彩缤纷的纸巾盒外表是用做衣服剩下的碎花布拼凑而成的,里面用废弃的光盘支撑着整个盒子,白色的内衬则是衬衫布料做成的,而周边漂亮的花边是利用了礼盒的包装纸组合而成的。沈明珠说:"我平时就爱把没用的东西重新利用,做出新作品,既独一无二又环保。"看样子,沈明珠在社区里的"巧手达人"名号果然不是白叫的。

比赛中,不少选手全家上阵。琵琶、竖笛、锣,一一被摆上舞台,5号选手谷文娟是所用表演道具最多的,她要表演什么呢?一阵清细委婉的琵琶声响起,谷文娟8岁的外孙女陈奕之先上台表演。紧接着,谷文娟11岁的孙子陈嘉祺拿起竖笛,悦耳的乐曲声马上悠悠地响起。最后,谷文娟压轴,拿起大锣,"噔噔噔",铿锵有力,一曲《颂阳花鼓》由家人一起完成。

谷文娟说:"我觉得能协调好家庭关系是一个巧媳妇最需要具备的。我的表演和外孙女、孙子一起,代表了三个家庭,正好表现出我们大家庭其乐融融的一面。"

在比赛现场,不少选手采用全家总动员的形式,老婆孩子上台表演,老公在一旁用摄像机或照相机记录他们比赛的动态。

来自孔雀社区的10号选手唐磊磊的才艺表演是和女儿顾安琪一起完成的。安琪手拿长笛,十指灵巧地"跳动",一阵悠扬的《渔舟唱晚》慢慢地流淌在舞台上空。伴随着长笛声,唐磊磊低着头,优雅地开始进行书法表演。才一会儿,"世有伯乐然后有千里马"几个字跃然宣纸上。

唐磊磊说:"我来参加这次比赛,最主要的是为了女儿。我希望能通过这种言传身教的方式,让她切实地感受到社会的方方面面。"11岁的女儿安琪笑得很开心,她说这次活动让她真实地感受到妈妈活泼可爱青春活力的一面。

对于活动,宁波电台经济广播《社区天地》主持人小叶认为:这场比赛让我发现了许多手巧、心巧的媳妇。不管年老还是年轻,每位选手都带给我们很多惊喜。其实,这场比赛主要想体现的就是家庭观念,像获得一等奖的巧媳妇,她在才艺表演中呈现了一种幸福的家庭氛围,值得我们学习。

明楼街道文化站聂艳:女人能将生活描绘得更美,她们不仅支撑家庭,还推动社会发展,如很多社区工作者都是女性,她们为社区文化建设做了众多贡献。我们要树立这些"社区典范",从家庭辐射到社区,从而达到"以小见大"的目的。

朝晖社区舒金兰:能看到这么多和谐家庭,我感觉很开心。这样的活动,能促进家庭和谐,以后应该多多举办。

庆安社区蒋银菊:大多数选手都是抱着"重在参与"的态度来的,这种好心态一下子就显示了她们"巧"媳妇的一面:心巧。一个家庭,相对于巧手、巧艺,最重要的还要有一颗"巧心"。只有心智巧,才能更好地打理家庭,让全家快乐。

文明健康科学的生活方式体现了人们正确的世界观、人生观和价值观。因此,它不仅能塑造现代人格,也对良好社会风气的弘扬起着促进作用。在创建"五好文明家庭"活动中,运用科学文化知识合理地支配生活资料,安排生活时间,选择生活方式,调整生活角色,丰富生活内容,可以不断提高生活质量。

健康向上的生活方式是构建和谐家庭的最终要求,也是一个家庭是否和谐的本质体现。以自身的文明和良好素质带动家庭的文明和谐,是在构建和谐家庭在重要价值和作用的最大体现。进入新世纪新阶段,我国人民正在为全面建设小康社会、建设现代化国家而努力奋斗。在这样一个新的时代里,我们如何培育健康文明科学的生活方式呢?

第一,树立崇高的理想

崇高的理想是人生和社会前进的"发动机",一个人有什么样的理想,就有什么样的人生目标,就有什么样的生活方式。有了崇高的理想,才会有积极向上的精神状态,才会勇于克服困难,积极进取,始终面向未来不懈地奋斗,在对美好人生目标的追求中,使人生经历更加丰富,使生活内容更加充实,使生命更有意义。

第二,树立开放意识,乐于接受新事物

世界已进入全球化、信息化时代,一个人必须具有开放意识,乐于接受新事物,勇于挑战自我,不断刷新生活方式,顺应时代潮流。

第三,处理好主流生活方式和个性化生活方式的关系一个社会的主流生活方式,反映着一个时代的主流社会价值。因此,一个人应该在遵从社会主流生活方式的基础上,形成个性化的生活方式,而不能成为社会主流价值不容的异端。

第四,养成终身学习的良好习惯

科学技术的迅猛发展,使现代社会进入学习型社会,学习已不仅仅是实现个人价值和人生目的的手段和工具,而是生活的一部分。终身学习应该成为现代人的生活方式。

第五,培养理性的消费行为

物质消费生活要适度,我们既不能超过经济承受能力搞超前消费,更不要为虚荣而奢侈浪费。应更多地将消费用于提高身心健康和提升生活品质,做到物质生活需要和精神生活需要的结构均衡。

第六,扩大社会交往范围

现代社会是社会交往活跃而广泛的开放型社会。因此,现代人要努力发展平等互相的人际关系,通过互惠互利的社交活动,发展牢固的朋友关系、团结的同事关系、融洽的家庭关系、和睦的邻里关系。

第七,培养绿色生活习惯

在满足个人需求的同时,养成节约习惯。日常生活中注重文明礼貌,讲究清洁卫生,遵守社会公德,热心公益事业。

2

自觉抵制黄赌毒等丑恶现象

随着改革开放的深入和经济社会的发展,多元的价值取向与道德观念日益碰撞。在这一社会演进过程中,"黄赌毒"作为一种社会丑恶现象有抬头的趋势严重毒化社会的良风美俗,损害社会的肌体,也侵袭着家庭这块净土。

目前,"黄赌毒"泛滥已成为严重的社会问题,极大地破坏了社会风气,危害人民群众的生命安全。"黄赌毒"主要指从事卖淫嫖娼、淫秽色情活动,走私、制贩、传播色情淫秽物品,吸毒、制毒、贩毒和以营利为目的设赌、聚赌等违法犯罪活动。坚决扫除"黄赌毒"是促进物质文明建设和精神文明建设协调发展、增创社会环境新优势的需要,是当前一项十分重大而紧迫的任务。

据有关资料统计,1979年我国首次在沿海开放地区发现卖淫嫖娼活动,1986年在全国查获涉嫌卖淫嫖娼活动的人数达2.5万人,1994年上升至28万人,9年内上升11.2倍。尤其在一些经济发达地区的娱乐服务场所,操纵淫业的"鸡头"、"妈咪"逼良为娼,肆无忌惮地进行违法犯罪活动,且很多都是团伙犯罪。如2004年某市公安机关在一组专项整治行动中,共查处卖淫嫖娼案件14宗,打掉犯罪团伙11个,查获违法犯罪人员185人。吸毒问题则在20世纪80年代死灰复燃。1988年在全国登记在册的吸毒者有7万多人,1998年上升至59.6万人,2001年上升至90.1万人。截至2005年底,全国登记在册的吸毒人员超过116万人,2009年底升至133.5万多人,比2008年底增加20.9万多人,吸毒人数的增长呈"蛙越式"攀升。因注射毒品而感染艾滋病的,占已感染艾滋病总人数的65%以上。赌博行为更是甚嚣尘上,出现麻将、牌九、老虎机、赌球、赌马、赌蟋蟀、百家乐、六合彩、十二生肖、网上赌博等众多赌博方式。有些人抱着"小赌无害"的心理,结果越赌越大,越输越多,直到杀人越货;有些腐败分子携公款到境外赌博,一输就是数百万,最后被判死刑。如某会计挪用50万元公款赌六合彩输得一干二净,某出纳在澳门一夜豪赌输掉公款百万元。

吸毒能造成人体的多种病变。例如,注射毒品会引发皮疹、皮炎,严重者会引起皮肤溃烂,甚至体无完肤。吸毒会造成心悸、心动过速,血压过低,消化系统紊乱,男性功能减退、阳痿、不育,女性月经失调,还会造成精神失常。尤其是在毒瘾发作时,极易发生自伤、自残或意外事故。长期吸毒者面容枯槁,形销骨立,身体极度衰弱,容易引发严重的疾病而死亡。静脉注射毒品又是传染肝炎、肺炎、性病及艾滋病的重要途径。随着吸毒现象的蔓延,艾滋病感染者在我国成倍增长。1994年比1993年增加1倍,1995年是1994年的3倍,1996年比1995年增加了66%,1997年比1996年增加了76%,至1998年12月,全国31个省、自治区、直辖市都报告了艾滋病病毒感染者。截至2005年底,我国有艾滋病病毒感染者和病人约65万人,其中艾滋病病人约7.5万人。2005年,我国新发生艾滋病感染约7万人,因艾滋病死亡约2.5万人。2007年,北京登记在册的吸毒人员达1.2万人,一年用于吸毒的金钱达52亿元。吸毒不仅大量挥霍金钱,还使艾滋病的流行趋势愈加严峻。有专家预计,如果不采取有效措施,用不了多少年,感染者可能过千万人。到那时,"东亚病夫"的耻辱将重新降临到国人的头上。由于"毒魔"对人类健康和生命的威胁已不亚于心脏病和癌症,所以人们把它称为21世纪的"超级杀手"。尽管如此,目前在我国仍有部分青年对毒品的危害认识不足。据一项针对青年人的问卷调查显示,如果有可能一定会试一试毒品的人占4.1%,可能会试的人占5.5%,说不准的人占2.3%,按总数2066张有效问卷计算,一定会试的是84人,可能会试的是113人,说不准的是47人,这个比例令人担忧。因此,禁绝毒品,功在当代,利在千秋。现在能否把贩毒、吸毒问题解决掉,关乎中华民族的兴衰。

卖淫嫖娼是性病的重要传播渠道。1975年,国际卫生组织公布的性病有20多种,我国卫生部门规定属于性病的主要有8种,即淋病、梅毒、尖锐湿疣、生殖器疱疹、非淋菌性尿道炎、软下疳、性病性淋巴肉芽肿以及艾滋病。据有关资料统计,性病于20世纪80年代在我国重新出现,1986年性病患者有5万人,至1994年发展到138万人,9年之内上升了27.6倍。感染性病的原因主要是性生活混乱和静脉注射毒品,其中卖淫嫖娼者感染率高得惊人。据东南亚某国政府调查显示，妓女感染艾滋病的已超过26%，其中某地区的妓女感染率竟高达72%。

赌博与疾病有着千丝万缕的联系。近年来专家根据临床症状向嗜赌者提出忠告：赌博是多种疾病的导火索。长期赌博可导致心理失衡、精神衰弱，引起消化功能紊乱、腰肌损伤等其他病态反应。一个嗜赌成性的人对家人、社会事业、前途、本职工作和个人生活都漠不关心，而视赌桌上的输赢高于一切，这本身就是一种病态心理。例如，有个牌迷爸爸正在打麻将，儿子被狗咬伤了，有人告诉他，他却说等打完牌再去看。还有个牌瘾妈妈，丢下吃奶的婴儿到邻居家打麻将，听到孩子惨烈的哭声也没当回事，打完牌才回家，才发现孩子已被恶狗咬死。这位不称职的妈妈也因此受到丈夫失去理智的"惩罚"，一个温馨的家庭就这样毁掉了。

《中华人民共和国刑法》中有关"黄"的罪名存组织卖淫罪；强迫卖淫罪协助组织卖淫罪；引诱、容留、介绍卖淫罪；引诱幼女卖淫罪；传播性病罪嫖宿幼女罪；聚众淫乱罪；引诱未成年人聚众淫乱罪；制作、复制、出版贩卖、传播淫秽物品牟利罪；为他人提供书号出版淫秽书刊罪；传播淫秽作品罪；组织播放淫秽音像制品罪；组织淫秽表演罪。有关"赌"的罪名有赌博罪(刑法第三百零三条)。有关"毒"的罪名分别是：走私、贩运、运输制造毒品罪；非法持有毒品罪；包庇毒品犯罪分子罪；窝藏、转移、隐瞒毒品、销赃罪；走私制毒物品罪；非法种植毒品原植物罪；非法买卖运输、携带、持有毒品原植物种子幼苗罪；引诱教唆、欺骗他人吸毒罪；强迫他人吸毒罪；非法提供麻醉药品、精神药品罪。

冰冻三尺非一日之寒。因"黄赌毒"而身败名裂的大有人在，有曾经受人尊敬的英雄模范，有位高权重的高官政要，有腰缠万贯的巨商大贾，有名扬天下的演艺明星，有品学兼优的三好学生，也有"授业解惑"的高校教师。人一旦染上"黄赌毒"，便会从人生的巅峰跌入万丈深渊，毁了事业，丢了前途，丢了权力，甚至丢了性命，使人们百思不得其解。然而，当你把他们的反思和忏悔稍加比较，就会发现那条相似的堕落轨迹：第一，忽视法纪学习,丧失信仰,缺乏自律,忘记了法网恢恢疏而不漏;第二,崇拜享乐至上的资产阶级人生哲学,追求奢华的享受,美丑不分,是非不辨,自甘堕落,直至栽进犯罪泥坑;第三,拜金主义,私欲难填。总觉得不捞白不捞,不干白不干,否则就是吃亏,浑浑噩噩地当了"黄赌毒"的俘虏;第四,存有侥幸心理,认为别人不会知道,干一次没关系,没想到上贼船容易下贼船难,一旦有了第一次,就接二连三,欲罢不能,直到走向犯罪的深渊;第五,有些人一时好奇和冲动,想体会一下到底是什么滋味,过于相信自己的毅力,到头来却身陷其中,无法自拔。在这一点上,赌博、吸毒、卖淫嫖娼者无不如此。

3

反对封建迷信,破除陈规陋习

"以崇尚科学为荣,以愚昧无知为耻"是胡锦涛总书记提出的"八荣八耻"其中的一项重要内容。这一论述赋予了社会主义荣辱观科学的内涵和科学的意义,闪耀着社会主义思想道德的时代光芒,它要求我们全党、全社会、各行各业都要以科学的理性和意识,规范所有社会行为和价值取向。社会主义社会要大进步、中华民族要大复兴,就必须崇尚科学,铲除愚昧。

科学,包括自然科学和社会科学,包括科学知识和科学技术,是人类对自然和社会发展规律的认识与把握,是推动人类历史进步的杠杆和基石。总结世界发展的历史经验,我们就更加深刻地认识到,科学文化对一个民族生存和发展的极端重要性。科学技术是第一生产力,科学思想是重要的精神力量。民族要自立,国家要强盛,必须大力倡导崇尚科学、反对愚昧的精神,大力提高全民族的科学文化素质。

2001年,北京市妇联与市反邪教协会联合组织"反对邪教,崇尚科学"家庭签名,发起了帮助"法轮功"练习者回到正常人的生活轨道上来的活动,"五好文明家庭"带头声讨"法轮功"邪教组织反社会、反人类、反科学的本质,把"法轮功"拒之于家庭门外。北京申奥期间,"迎大运,助申奥,首都妇女健身风采展示"活动取得了巨大的成功,参加活动的首都各界妇女以其健康的形象和飒爽的英姿表达了北京妇女支持申奥的心情。上百个"五好文明家庭"代表在国际奥委会官员来京考察时,请他们向当时的国际奥委会主席萨马兰奇转交了北京家庭支持北京举办2008年奥运会的一封情深意切的签名信,表达了首都家庭对奥运的期盼。在家庭中开展的家庭读书、家庭文化娱乐、家庭环保、家庭健身、家庭科普等多项活动,既满足了人们学习科学知识、掌握技能、强身健体、娱乐身心的精神文化需求,为群众追求美好生活创造条件,同时也潜移默化地引导着广大家庭,成为对群众进行自我教育的好方式。

无知是迷信的基础,科学是迷信的克星。只要我们努力学习科学知识,用科学方法和思维来解释我们未知的领域,迷信就不会存在,我们便可摆脱愚昧,向科学迈进一大步。在创建"五好文明家庭"活动中,科学,是人类进步的阶梯;科学,是人类生活的黑暗中的一盏明灯。科学知识是人类进步的阶梯,科学思想是文明世界的导航。普及科学知识,倡导科学精神,是战胜封建迷信、愚昧落后和各种伪科学、邪教的根本方法。只有掌握了科学知识和科学方法,理解了科学精神,接受了科学思想之后,人们才能够正确认识和解释自然和社会现象,才能提高对反科学、伪科学和邪教的鉴别能力。

近年来,各种封建迷信活动重新抬头。一些地方出现大规模的朝山进香、拜仙求佛活动;有的地方百姓缺衣少穿,但在滥建庙宇、重塑金身上却不惜重金;大出殡,做道场、厚葬筑坟之风在乡村蔓延很快;一些心术不正的人装神弄鬼、看相算命,实实在在地捞了一把;各种宣传如何驱灾避祸、如何实现大富大贵、如何钻营投机、如何为己害人等类的坏事,经过一些"科学家"的渲染,大肆泛滥。这种信神、信鬼、信天命,不修今生修来世的欺骗性宣传,愚弄百姓,为害社会,是与现代文明要求极不合拍的一股浊流。这股浊流的出现,既与数千年的封建迷信的流毒尚未彻底肃清有关,也同现代科学还未发展到能揭示自然、社会的一切奥秘有重要联系,更多人是因为种种原因不能在纷繁复杂的社会环境里自己掌握自己的命运,因而把希望寄托在虚无飘渺的"彼岸"世界里。这就要求每个公民都要认真学习现代科学,提高对事务的认识能力。只有这样,才能实现破除迷信,移风易俗,净化社会环境。

2002年1月12日,内蒙古呼和浩特市武川县发生了一起家庭暴力案让人触目惊心。少妇孔丽红因为女婿刘文贞及其家人相信孔被"狐狸精"附体,竟被暴打致死。其父孔福贵说,女儿是被"一些人"利用封建迷信残害致死的。孔丽红的公公告诉记者:对于孔被残害致死事件,他认为并不只是其子刘文贞所为,应该还有其他人参与,他儿子只是被蒙蔽利用了。他说,当晚11:00他还在儿子家里看到孔丽红一切正常。谁知第二天早晨,刘文贞的表弟刘茂生过来对他说,孔丽红被打得休克了,要赶快送往医院。但一切都晚了,在送往医院的途中,孔就死了。他又说,孔丽红平时身体挺好,从来没生过什么病,这次却突然得了如此怪"病",实在让人生疑。孔丽红年仅8岁的女儿刘敏告诉记者,案发当晚她在老姑夫家里,并不了解当晚情况。但她却向记者反映了这样一个事实:在1月9日、10日两天,她老姑姑、老姑夫及其叔叔用针扎、用毛掸打她母亲,其叔刘茂林还在旁边放鞭炮,说是要驱赶"狐狸精"。

据孔的姑姑说:"我们也没想到孔丽红会这样,当时只是用土办法治病。"说完后,孔的姑姑一副悲痛欲绝的样子。而后,任凭记者怎么问,孔的姑姑再也不肯多说了。孔的一个亲戚讲了孔丽红"狐狸精附体"的经过。元月8日,去给亲戚祝寿的孔丽红在回来的途中突然胡言乱语——一会儿山西话,一会儿蒙语,一会儿当地话,并且一直持续到家中。9日晚,为给孔丽红"治病",婆婆把孔和其女儿刘敏一起接到自己家住。当晚,孔间或正常,间或胡言乱语,还自称"狐狸精",要求其公公、婆婆为其扑打。在此情况下,公婆俩才用土办法给孔扎针、用毛掸打、用鞭炮炸,借以驱除"狐狸精"。支部书记刘金财告诉记者,9日晚,其老伴儿觉得孔丽红被"狐狸精"附体,就把孔叫到他家里,用土办法在孔的嘴上、两拇指及后背用缝线针扎。在扎的过程中,孔时而惊醒,时而胡言乱语,发作起来异常吓人。这让他不由得手足无措,再加上离医院远,交通不便,无奈之下,才采用了土办法治疗。刘金财说,元月 11 日晚,刘文贞过来把孔丽红接回家,同时还叫上他的二儿子刘茂生去做伴。第二天凌晨 3：00 多刘茂生正熟睡中,忽然发现有人摸自己的头皮,拉灯一看,发现是口中念念有词的孔丽红。当时他儿子非常害怕,而此时孔的丈夫似乎并不害怕,还大喊一声"总算等到你这个'狐狸精'了",而后就用炉钩、电炉、木棒在孔的身上连烫带打,致使孔于 12 日早晨休克死亡。

在创建"五好文明家庭"活动,我们要坚决反对封建迷信。迷信不同于宗教,它不具有文化积累和一定的道德教化功能,尽管它也可能使用某些道德化的语言,但其目的不是道德教化而是宣传迷信。迷信是一种具有短暂性、爆发性、群众性和流行性特点的思潮。它的兴起和蔓延容易搅乱人心,不利于社会的安定。科学与迷信又是对立的。科学以事实为依据,以规律为对象,它不相信那些未经证实的荒唐不经的东西。哥白尼以后,科学在对迷信的斗争中取得了伟大胜利。它通过揭示宇宙中一个又一个秘密,逐步破除人们心中的迷信。

在当今社会,以崇尚科学为荣、以愚昧无知为耻,是完成党所肩负的历史使命的必然要求。当今世界,科学知识更新的速度越来越快,科学知识转化为生产力的频率越来越高,科学的力量对于财富的骤增,对于历史进程的推动,从来没有像今天这样强劲。我们党要团结带领全国人民以经济建设为中心,把我国建成富强、民主、文明的社会主义现代化国家,就必须要求广大群众努力去掌握各种科学文化知识,努力站在科学发展的前沿,这样才能更好地贯彻落实科学发展观,实现跨越式发展,创造物质财富和精神财富,改善人民生活,增强综合国力,全面建设和谐社会。

4

移风易俗,摒弃旧规矩引领新风尚

　　"五好文明家庭"创建活动是群众性精神文明创建活动的重要载体,其存在的基础和发展的生命力在于广大群众和家庭的积极参与,群众广泛参与进来了,才能在实践的过程中提升道德情操,规范行为准则,校正人生座标。而群众参与的关键,在于创建活动是否具有一定的感染力和吸引力,是否做到贴近实际,贴近生活,贴近群众。因此,我们必须坚持从广大家庭的需要出发,从家庭成员能参与、能受益的事情做起,使"五好文明家庭"创建活动更好地融入家庭生活和社会生活,更加富有人文色彩和时代气息,真正起到丰富生活、教育群众、引导家庭的作用。

　　比如对很多家庭来说,礼尚往来实属正常,是我们长久的社会风俗。可时下,在农村人情债变得越来越沉重,甚至形成恶性的"债务链"。人情债是一个错综复杂的社会问题。要减轻农民的人情债负担,缓解这个"债务链",就应该进行综合诊治,逐渐对症下药。首先,要正确引导,变"堵"为"疏"。几千年的习俗,一下是刹不住的,规定一个人情限额,写进"乡规民约"。谁家办事情都不准超标、不准攀比。村里要派干部协调监督,违者要向村民公开作检查。其次,要移风易俗,变"俗"为"雅"。结合社会主义新农村建设,切实加强农民的思想道德和文化教育,提高农民的综合素质。特别是通过分析人情债带来的种种危害,教育农民自觉摒弃旧习俗,树立新风尚。要针对喜事丧事的特点,有组织、有内容地开展移风易俗活动。比如,生小孩可以送一本培育婴儿的新书;老人过世可以写一副挽联或送一束寄托哀思的鲜花等,从而树立良好的村邻关系,由此不断推进农村精神文明建设。

　　在创建"五好文明家庭"活动中,我们讲移风易俗,并不是不问青红皂白"一刀切"，要把传统风俗纷纷扔掉。移风易俗真正的内涵，恰是激浊扬清。传统风俗既是民族文化的沉淀结晶，又是民族文化的传承载体，源远流长，流传至今，本身就证明了其无比旺盛的生机活力。其中的许多精华，早已成为炎黄子孙共同拥有并为之自豪的精神财富。然而无须讳言，在传统风俗之中，确实又有不少陈腐的糟粕，比如封建迷信，比如聚众赌博，比如铺张浪费，等等。这些东西，污染世风，戕害人心，与今天时代的文明潮流背道而驰，无疑是应当扬弃的。

尤须警惕的是，这些恶俗陋习，往往打着传统风俗的幌子，趁着传统节日的时机，沉渣泛起，粉墨登场，闹得乌烟瘴气，使本是欢乐祥和的喜庆佳节黯然失色。这样说，并不是空穴来风。近些年来，有些地方，赌博之风颇盛，到了节日期间，更是猖獗一时，一些人深陷其中，难以自拔，最后酿成悲剧，成了恶俗陋习的牺牲品。如果说悲剧令人痛心，那么尤发人深省的是，恶俗陋习的害人，用的是不见血的"软刀子"，受害者分明已深受其害，却还不知道是怎么回事。因此，对那些披着传统风俗外衣的恶俗陋习，我们还能掉以轻心吗？同样值得一说的是，这些年来，"人情消费"愈演愈烈，人们望请柬而生畏，谈送礼而色变，到头来却还是"明知其不该为而不得不为"。这个"人情消费"尽管不能与赌博之类相提并论，然而追根溯源，就能发现它和旧风俗有千丝万缕的关系。人们都渴望摆脱"人情消费"的困扰，但是如果旧的风俗不改变，只怕解脱也难。

在创建"五好文明家庭"的活动中，风俗当随时代。我们的传统风俗之所以从古至今，生生不息，就因为在绵延中不断革故鼎新。年年岁岁节相似，岁岁年年人不同，年节年年有，但今天过节的人是我们而不是老祖宗了。老祖宗穿的是长袍大褂，我们穿的是西装革履；老祖宗拨拉的是算盘，我们敲击的是键盘……"人不同"如斯，风俗又岂能墨守旧规，陈陈相因？倒是如果一成不变，"原汁原味"，一举一动都照着"祖宗规矩"行事，那才是把自己把自己异化成了新舞台上的旧道具。把时代精神融入传统风俗，让传统风俗这棵大树去芜存菁，永葆常青。这样做，才是有出息的炎黄子孙。

移风易俗、新事新办还应该提倡，而且要永远倡导下去。在提倡建设节约型社会的今天，我们希望全社会能够继续保持良好的道德风尚，继续发扬艰苦奋斗、勤俭节约的精神,杜绝奢靡,提倡简朴。我们的各种媒体应该继续大力宣传,营造氛围;各级党组织、团组织、民政部门、社区和社会组织应该继续发挥作用,宣传,教育,引导,不能缺位。

5

改变生育观念,生男生女都一样

计划生育是我国的一项基本国策,并以法律形式确定下来。这是从我国的国情实际与全国人民的根本利益出发考虑决定的。我国目前人口已达 13 亿成为人口世界之最,而耕地面积仅占世界总数的 6.99%。改革开放以来,尽管生产有很大发展,国民经济实力有很大的增强,但由于人口基数太大,人口增长太快,所以人均收入仍然较少,造成资源的压力、就业的压力、人民生活水平提高的压力。如不控制,发生"人口爆炸",将会严重影响社会发展与进步。

中国计划生育政策的目的就是,把中国的人口数量控制在适度范围。把中国内部各个民族的人口数量与人口比例控制在适度范围。把中国的性别比例控制在适度范围。把中国各个年龄阶段的人口比例控制在适度范围。在计划生育政策中,逐渐提高中国人口素质。这就是中国计划生育的大致含义。这要求中国人口数量不能过多,也不能过少,需要有一个恰当的人口数量。所以,每个公民都应以国家与民族大局为重,自觉搞好计划生育。

多年的改革开放不仅改变了人们的生活水平,也改变了人们的封建观念。除了注重科学知识,人们的观念也变得现代化。人们的观念不再封建陈旧,生男生女都一样。优生优育,因为只生一个,所以培育的资源都集中到一个孩子那里去。这不仅是时代的变迁，不仅是改革开放带给人们的改变，也是因为计划生育政策有效落实对我们的影响。

"这是我女儿上个月买的高清电视，在家看电视像看电影一样。"惠东县平山街道计生户王振荣开心地告诉记者，"现在大家的思想观念都改变了，都认为少生优生好，生女一样养老。而我们那辈人就是因为孩子多，读书少，影响了一辈子。现在政府大力宣传婚育新风，给我们这些计生户优惠政策，我们对生活更有信心了。"王振荣只是惠东县扎实推进"婚育新风进万家"活动的受惠者之一。

2006年以来，惠东县紧紧围绕"到2010年末，初步形成新的婚育观念和生育文化"的目标，进一步巩固和发展第二期婚育新风进万家活动成果，大力普及计划生育、生殖保健、独生子女教育等知识，不断深化婚育新风进万家活动内涵，较好地发挥了"全国婚育新风进万家活动示范县"的排头兵作用，为人口计生事业健康发展营造了良好的氛围。

近年来，惠东县各级党委、政府坚持把统筹解决人口问题摆在突出位置。2006年，该县出台了《关于农村独生子女户和二女结扎户优先优惠措施的补充规定》，2007年出台了《关于在全县开展"计划生育优质服务大合唱"活动的决定》，并制订了一系列针对计生家庭的优先优待措施。如全县所有单位的办事、办证窗口都开设了"计生绿色通道"或"计生户服务专柜"，对前来办事的计生户实行"特事特办"，给予各种优先优惠待遇。如教育部门对"持卡户"子女优先解决学位，在国家规定免收小学至初中阶段的学杂费后，又实行免收住宿费等。据不完全统计，近年来，该县共为9129户计生户提供各种形式的优先优惠15484宗，累计优惠金额230.5万元。

"政府为我们提供了休闲场所，每天都有免费电影看，还能从中学到一些生活常识和生殖保健知识。"在惠东县城文化广场，来自湖南的外来工刘军看着面积达20平方米的大型婚育新风电子荧屏说。2005年，该县投入70多万元设立专门用于人口计生宣传的电子荧屏，还设立了音乐天地、政策法规、婚育新风等栏目，并穿插播放计生公益广告，早晚共播放 7 个小时，每天吸引数百名群众驻足观看。

同时，该县还通过开展大力宣传普及人口和计划生育、生殖健康科学知识和政策法规知识，在辖区范围内迅速掀起了"婚育新风进万家"宣传活动的热潮。同时，该县还把扶贫帮困、普及文化知识、提高妇女地位、预防传染病等与"婚育新风进万家"活动紧密结合起来，大力开展关爱婴儿、关爱计划生育户、关爱女孩等活动。此外，2006 年 7 月，该县设立了人口计生自动语音咨询电话系统，接入 8 条热线，开通 24 小时自动语音热线咨询。群众只要拨打免费电话 800—9990711，就可根据自己的情况查询有关人口计生政策法规、生育节育、奖励扶助、办事程序、生殖保健等方面信息。

该县通过不断创新宣教模式，丰富婚育新风内涵，极大提升了计生宣传的影响力和感召力，实现了广大群众婚育观念的新飞跃。如今，以少生快富、晚婚晚育为主要内容的新型婚育观念深入人心，自觉实行计划生育蔚然成风。群众对计划生育工作的参与率、应知应会率、满意率明显提高，分别达到98％、96％、95％以上，"和谐计生"已成为现实，为构建"和谐惠东"营造了良好的人口环境。

在创建"五好文明家庭"活动中，计划生育就是有计划的生育。搞好计划生育，首先要提倡晚婚、晚育。虽然《婚姻法》规定男 22 周岁、女 20 周岁就可以结婚，但从国家利益与个人学习、工作考虑，还是年龄大一些好。同时结了婚也不要急于生小孩，尽量把生育高峰往后推。其次，要响应"一对夫妻一个孩子"的号召，绝不超生。坚决克服"男尊女卑"、"多子多孙就是福"的封建思想，树立生男生女都一样的新观念。在建设社会主义和谐社会的形势下，要利用经济的快速发展和计生利益导向机制，转变人们的传宗接代、养儿防老等传统生育观念和生育行为，彻底形成一种生男生女都一样，顺其自然的新型文明生育观念。

计划生育政策的重要功能就是维持男女比例平衡，这是计划生育政策重大意义。根据自然规律的概念,每个孩子的男女性别可能都是50％,但是从目前的人口性别比例来看,男孩要略多于女孩。但这并不是人们选择未来宝宝性别的真正原因。一些父母会因为自己的社会或经济原因,希望下一个孩子是男而不是女,或者是女而不是男,以达到家庭的"平衡"。生育的孩子中,有男孩,有女孩。如果大家都喜欢男孩,而不喜欢女孩。都因此而只生育男孩,不生育女孩,这还了得,没有女孩,怎么找老婆,找不到老婆,怎么传播后代,怎么使国家的人口获得可持续发展呢?这是一个极端设想,通过这个设想,可以感受到计划生育政策重大价值。此外,如果大家都不生育孩子,或较少生育孩子,这会导致未来人口的高度老龄化,导致未来人口数量萎缩。如果大家都大量生育孩子,这又会导致人口迅速膨胀,带来人口的大爆炸,危害人类长远利益。看来不论哪个极端都不好,看来人口数量的可持续发展非常重要。大家生育的孩子数量,既不能过多又不能过少,要恰到好处。这样能维持人口的长远存在,实现人口数量的可持续发展。这样目的,也证明计划生育政策的必要性。计划生育政策保障了人口数量的可持续发展。

当前,随着经济的发展,群众生活富足了,一些封建陈规陋习也沉渣泛起,不但影响人们正常的生活,也对人们的价值观、道德追求乃至婚育观念都造成消极影响。特别值得注意的是,在这些陈规陋习中,体现了对计划生育家庭特别是对计划生育女孩家庭的歧视造成农村一些家庭不生儿子不罢休。这些现象如果不加以制止,将对计划生育政策形成冲击,影响低生育水平的稳定。对此,在创建"五好文明家庭"中要开展以移风易俗、利益导向和男女平等为核心内容的计划生育村规民约修订活动,找准问题的症结和转变群众婚育观念的切入点和结合点。一旦计划生育村规民约真正完善,移风易俗落实到位,必将引起强大的社会反响,对社会的进步起到极大的推动作用。在创建"五好文明家庭"活动中,要做好以移风易俗、利益导向和男女平等为核心内容的计划生育活动,应从以下几点入手:

第一,加大宣传力度,形成正确的舆论导向。取得广大干部群众的理解和支持,是搞好移风易俗工作的重要环节,因此,要充分利用各种媒体进行广泛宣传。注重发挥榜样的导向作用,对他们的事迹进行大张旗鼓的宣传,用身边人、身边事教育群众。另外,对一些不良现象,采取曝光等方式进行批评,使广大群众切实感受到党委、政府抓好计划生育工作的决心和信心。

第二,顺应当前形势,落实好计划生育村规民约。要结合实际,要把推进移风易俗工程办成一项得民心、顺民意的民心工程,纳入社会主义精神文明建设之中。还可以发动计划生育协会会员开展联户评议活动,让广大群众在参与中受到教育、转化观念,从而自觉改变旧观念、旧习惯。同时,要大力发展群众性文化体育事业,不断丰富群众的精神生活,用先进文化占领群众头脑。

第三,发挥政治优势,建立计划生育的长效机制。开展移风易俗,倡树文明新风,不是一朝一夕的事情,需要建立起长期有效的工作机制,应积极统一标准、统一规格,指导群众文明开展婚丧嫁娶活动,同时把移风易俗工作纳入对村级的年度考核之中,作为评选先进的重要依据,认真组织好日常监督检查。

总之,计划生育对促进男女平等、实现生男生女都一样,从根本上促进群众婚育观念转变,稳定低生育水平,统筹解决人口问题都将起到积极的作用。

6

落实生育政策,少生、优育、优教更幸福

健康的孩子,既给美满幸福的家庭带来欢乐,又有利于国家民族的兴旺繁荣。目前,我国提倡一对夫妇只生一个孩子。生一个健康而又聪明的孩子是家庭和社会的共同愿望。欲使这个愿望得以实现,就必须具备

一定的优生、优育和优教方面的科学知识。

虽然我们国家历来提倡优生优育，但对于优生优育确实做得还不是很到位。为什么要提倡优生呢？最主要的还是为了孩子着想。优生学就是专门研究人类遗传，改进人种的一门科学。优生的目的是提高人口质量，它包括两个方面：一是积极的优生学；二是消极的优生学。积极的优生学是促进体力和智力上优秀的个体优生。即用分子生物学和细胞分子学的研究，修饰、改造遗传的物质，控制个体发育，使后代更加完善，真正做到操纵和变革人类自身的目的。消极优生学是防止或减少有严重遗传性和先天性疾病的个体的出生，就是说减少不良个体的出生。后者是人类最基本的，有现实价值的预防性优生学。不减少白痴、畸形儿的出生，就谈不上人口质量的提高。

一个先天性痴呆孩子的出生，将会造成双亲的极大痛苦，成为家庭的累赘和社会的负担。他的存活对社会没有任何意义。因此，预防和尽早发现胎儿异常，阻断遗传病和先天性缺陷的延续，是家庭幸福的重要前提。在影响人口质量的因素中，以遗传性和先天性因素最为重要。我们都知道，一个生命素质的高低，固然跟出生后的环境影响、体格锻炼、文化教育有关，但更重要的是先天素质。一个先天性痴呆的孩子，无论他生活在多么适宜的环境，受到多么好的教育，也不可能达到正常同龄人的智力水平，就更不用说成为"神童"了。这种"输在起跑线"上的孩子令人痛惜，因为他们连打"翻身仗"的机会都给剥夺了。

有人曾调查过一个边远山区的村子，这个村子的名字几乎被人忘记，人们都叫它"傻子村"。这里交通闭塞，地方性甲状腺肿（欲称大脖子病）严重流行，又有近亲结婚的陋俗，使这个不足200户的村子中，竟有轻重不同的傻子150多名。小学生留级的极多，有的孩子连续念小学一年级到17岁仍升不上二年级。这是多么惨痛的教训！因此，普及优生学知识，按照优生学提示的规律办事，目前来讲刻不容缓。

在我国，先天性痴呆者占全国总人口的1/500，而且每年还有2%的新生儿为先天性畸形，其中以对智力发展影响极大的神经管畸形最为多见。据有关部调查，我国各类残疾人约占总人口总数的 5‰,仅 1987 年,全国就有 29 万以上明显可见的较严的缺陷儿问世。目前,全国先天性愚型患者可能超过 120 万;有智力和生理上先天性缺陷的儿童至少在 1000 万以上。据美国调查,出生和抚养一个先天愚型的孩子,要花 20 万美元。我国生活水平较低,即使按美国的 1/20 计算,全国也得花去 120 亿元以上。何况,还包括精神分裂症、先性失明等患者。

实行优生,提高人群中优良遗传素质的比重,是使中华民族繁衍昌盛的最重要手段之一。无数事实表明,不实行优生,人群中的呆小残疾和患有遗传病的人就会一代一代地遗传,以致危及整个中华民族的命运。实行优生,改善遗传素质,可以提高智力投资的经济效益。对一个患"白痴"的人,智力投资再多也是对牛弹琴;反之,对那些遗传素质优良,智商很高的人,智力投资则会事半功倍。目前我国正在普及中小学教育,如果我们按优生规律办事,使受教育的对象智力完好,那么,智力投资的经济效益就会非常理想,从而促进我国科学文化的发展,加速四个现代化的进程。实行优生,有利于贯彻执行"一对夫妇只生一个孩子"的政策。如果第一胎是低能儿,许多人还要再生第二胎;如果第二胎还是低能儿,对国家和家庭该是一种多大的不幸!所以,在"一对夫妇只生一个孩子"的今天,优生尤其有着特殊的意义。

优生优育注意之处:1.选择适宜的配偶;2.选择最佳生育年龄(女 23~30);3.夫妇双方要戒烟、酒;4.要保证孕妇充足合理的营养;5.注意防病和用药;6.积极进行胎教;7.婴儿出生后要进行合理的喂养;8.创造一个安宁、怡静、适宜的生活环境;9.培养孩子合理的生活习惯。

优生知识是获得一个健康孩子的前提,优育和优教是使孩子健康成长的保证。如果您的孩子先天具备了良好的条件,而出生后却通过不科学的抚育,也能影响孩子的聪明和健康成长。

例如,夏季出生的小儿长了痱子或尿布疹很严重,那么孩子的情绪就不好;此外护理不好,不及时给孩子清洁鼻腔,通气不畅,孩子不能好好吃奶;指甲长了不剪,会使孩子将脸抓破,只要孩子哪一点发生了问题,他(她)就会烦躁不安,以致影响睡眠。

　　每天每次喂奶要让孩子吃饱,保持尿布干燥及臀部的清洁卫生,经常给孩子洗澡,保持身体清洁,给孩子作婴儿体操,日光浴和户外活动等,这样能保证他充足的睡眠……总之,对孩子要给予充满母爱的抚育,因此对孩子一天生活日程的安排非常重要。其中就包括了从出生第一天起的优育和优教的密切结合。因为婴儿出生后,离开了母体,一切都是他学习的过程,随着月龄的增长,婴儿所能接触到的一切,都需要逐渐适应。这个适应过程也就是教育的过程,而不是等待婴儿自然发育。

　　喂养婴儿是促进生长发育的良好时机。母乳喂养是最适合婴儿的一种喂养方法,无论是从母乳所含的营养质量还是从各种养分的比例来看,母乳都优于牛乳。由于母乳中含有抗传染病的免疫体,婴儿通过母乳获得,就能增强抗病能力,尤其母乳,中含有分泌型的免疫球蛋白,不仅能预防小儿呼吸道疾病,而且还能抵抗消化道的疾病。所以作为母亲只要有奶就应尽喂奶的责任,至少要喂 3~4 个月。

　　更重要的问题是为了使婴儿能获得"早教",建立了良好的亲子关系。每当哺喂母乳时,母亲要心情舒畅地把孩子抱在怀里,让婴儿含着奶头及乳晕的大部分,一边听着音乐,一边带着微笑而和蔼可亲地给婴儿喂奶,孩子就有舒适感,也以微笑的脸看着妈妈。通过母乳喂养,使母子心心相印,这是培养感情最好的方法。婴儿在这样的环境中,他的明亮的眼睛里闪耀着母亲的任何一举一动、一言一语,所以说父母是孩子的第一任教师(尤其母亲)。可以从婴儿的微笑中,人们可以感到生命的活力和喜悦,孩子有好的情绪是健康的标志之一。从 0~3 岁所进行的一切都要结合生活日程进行,通过这些可从小培养良好的卫生习惯、文明的行为、优良的品德、高度的同情心。小儿的智力需要成人去引导开发而不是等待,所以说优育意义重大——事关人的一生。

　　每位父母都希望生一个理想的孩子。什么样的孩子才算理想呢? 当然是身体健康,智力超群,能良好适应社会的孩子。这不仅关系到每个家庭的切身利益,而且关系到我国的全民素质高低。

2002年至2003年,为了宣传科学的家庭教育新知识,推广教子有方好家长的经验,进一步推进素质教育,全国妇联联合教育部、共青团中央组织的"更新家庭教育观念报告团"到全国20个省(市)的44个市、20个县巡回宣讲,做报告200多场,直接听众达21余万人,受到广大家长的热烈欢迎。报告团为什么在社会上引起这么强烈的反响和共鸣?一位在人民大会堂聆听了报告团首场演讲的家长,说出了大多数家长对家族教育新理念和科学方法的渴求:"家庭教育如果只有善良的愿望,而没有先进的教育理念,没有科学的教育方法,只会事倍功半,甚至事与愿违。"

在黑龙江,一位泪流满面的母亲激动地说:"听了你们的报告,我知道自己错了……但我相信只要肯为孩子付出,又掌握了正确的家庭教育观念和方法,就一定能把孩子教育好";在海南,一位焦虑的父亲守候在我们下榻的宾馆里要与我们促膝长谈,交流教子之方;在西部农村,一位白发苍苍的老奶奶告诉我们:"你们的报告讲得太好了,我要把更新家庭教育观念的书带回去,让儿子儿媳好好学习学习。"这一个个令人感动的真实故事,就发生在更新家庭教育观念报告团巡回宣讲的台前幕后。

家庭是妇联的传统工作领域,多年来,各级妇联为提高家长素质,帮助和引导广大家长接受家庭教育的新理念,掌握家庭教育的科学方法,从而使孩子们真正受益,在家庭教育方面做了大量富有成效的工作,取得了明显的成绩,得到了党和政府的重视和社会的认可。家庭教育既是启蒙教育,又是终身教育。家庭教育是指在家庭生活中家长自觉地有意识地按社会培养人才的要求,通过自身言传身教和家庭生活实践,对子女实施一定教育影响的社会活动。因此家庭中家长的作用是举足轻重的,他们是孩子第一任乃至终身的老师。

当人类进入充满挑战的21世纪,科技的日新月异和未来社会发展对人才的要求,使广大家长更加重视家庭教育,更为关心"如何把孩子培养成合格的跨世纪人才"这一带有普遍意义的问题。

　　家长的素质如何直接影响到家长对子女教育和对学校工作的支持程度。良好的家庭教育是少年儿童成长的摇篮,又是学校教育和社会教育的基础,是学校教育的补充,从根本上说家庭教育就是"教子女做人"。教育孩子首先是一个理念问题。而孩子观就是家长对孩子的一种基本看法和态度,这种态度和看法是一种理念。家长应该首先建立正确的孩子观。当建立了这种理念后,家长在学习教育孩子的方法,或是处理孩子的具体情况时,就会找到比较好的方法。

第六章 "五好文明家庭"之"勤俭持家,保护环境好"

　　保护环境是人类有意识地保护自然资源并使其得到合理的利用,防止自然环境受到污染和破坏;对受到污染和破坏的环境做好综合的治理,以创造出适合人类生活、工作的环境,协调人与自然的关系,让人们做到与自然和谐相处。这也是建设和谐社会的必然要求,与每个家庭息息相关。对于现代人,低碳是一种环保的生活方式。现代人的生活方式对全球气候变化造成了巨大影响。过度消费、奢侈消费、便利消费等行为,严重浪费能源,增加污染。高碳排放的不良消费和生活方式,大大增加了碳排放量,我们每个家庭都要改变这种不和谐的生活方式。

1

勤俭持家是家庭的传家宝

　　勤俭持家是中华民族的优良传统。千百年来,人们靠着勤俭持家、艰苦奋斗的精神,渡过了一个又一个难关,战胜了一个又一个的困难,建立了一个个美满幸福的新家庭。因此,老一辈无产阶级革命家陈毅元帅曾谆谆告诫他的子女:"汝是党之子,革命是吾风;汝是无产者,勤俭是吾宗。"

　　勤,就是勤劳。只有勤劳,才是致富的真正手段。古希腊著名文学家伊索有一句名言:"勤劳就是人们的财宝。"俭,就是节俭。勤俭持家包含着物质和精神两方面的内容。在物质方面,要求人们克勤克俭,珍惜劳动带来的物质成果;在精神方面要求人们艰苦奋斗,奋发向上。勤俭持家是一种积极健康的生活态度。

　　"勤是摇钱树,俭是聚宝盆。"在有的人看来,勤俭持家只是穷人的专利,有钱人不必节俭。有钱人节俭会被人瞧不起。其实,这种想法是错误的。勤俭持家是一种美德,一种精神。有了它你就会永远保持勤劳的本质,保持蓬勃向上的朝气,永远立于不败之地;丢掉了它,即使你腰缠万贯,也可能因为奢侈浪费而一败涂地。

　　褚辞和李晶就是那种没有丝毫持家观念的80后。从正式确立恋爱关系的那天起,两人就高调地消费,高调地享受。该买的买,不该买的也买,他一句"人生得意须尽欢",她一句"对酒当歌,人生几何",快乐是他们的哲学,而他们也正乐在其中……然而好景不长,当同为 80 后的同事、朋友纷纷踏入婚姻殿堂的时候,他们点着手里所剩不多的积蓄,傻了眼……俗话说,钱要花在刀刃儿上,可这刀明明还没出鞘,钱咋就没了呢?

其实褚辞和李晶在事业上绝对称得上是同龄人中的翘楚,有着相对较灵活的工作时间和不菲的收入,在任何人眼里都是年轻有为的一对。

由于从事行业的缘故,他们每日都会与形形色色的客户打交道,几年下来,也称得上相交满天下了! 朋友多,吃吃饭、喝喝酒在所难免,家常便饭自然不行,要吃就得上馆子,看着贵得咋舌的菜单,眼睛都不眨一下,只顾大手一挥——这顿我埋单!

久而久之,一日三餐也懒得自己动手了,眼看家里的锅碗瓢盆都快生锈了,下厨就更没激情了,于是,下馆子成了两人真真正正的家常"便饭"!

"这个月的账单!"李晶把一沓单据塞到褚辞的手上。

"这么多?"

"你忘了上个星期又买了部手机? 原来的手机还没用一年,又换了。"她叉着腰数落他的不是。

"光说我,你还不一样? 逛街见啥买啥!"他忍不住回嘴。

"那你还请你朋友吃海鲜呢! 还专找贵的饭店,怎么着,你有钱啊?"

"你不是也跟去了吗? 没得到你首肯我能请吗? 真是!"两人你说一句我顶一句,互不相让,皆因这一笔笔的消费单而起。

公说公有理,婆说婆有理,一番争论过后倒也有所顿悟,习惯了花钱流水,每个月的花销都是透支再透支,别的不说,就说这日常消费次数和金额过多的问题,银行都自动将他们信用卡的信用额度上调了三次,于是,有恃无恐的两人依然消费无度,这个月欠,下个月还,倒也不觉有何不妥,直到父母催婚,方才发觉囊中羞涩……

"吃不穷,穿不穷,算计不到要受穷"。作为每个家庭而言,最重要的是根据实际经济状况安排自己的生活。起码要做到量入为出,有多少钱,办多少事;要瞻前顾后,常将有日思无日,不能"月月吃光,年年花净"。有的家庭在生活安排上很"精心算计",过了今天不想明天,总想与富裕家庭攀比,一试高低,把有限的积累全部用到豪华装修、高档吃穿、一时的尽情享受上,结果是乐极生悲。

和谐的家庭关系必然建立在一定的物质基础之上。我们的祖先把勤劳视为一种最基本的美德。广大劳动人民向来以热爱劳动、不怕苦累为自己的本色。将"游手好闲"、"四体不勤"、"好逸恶老"、"不劳而获"等视为最坏的恶习。古代流传的许多格言谚语如"黎明即起,洒扫庭院"、"勤可补拙"、"业精于勤荒于嬉;形成于思毁于随"、"勤则寿,逸则矢;勤则有是见用,逸则于能而见弃",等等,赞誉了勤劳的美德。勤政、勤学在古代也被认为是为政者、为学者的一种美德。节俭,是对消费要合理地节制。把勤俭节约引入家庭生活,就是勤俭持家。"勤俭传家运,耕耘继世长",这是我国劳动人民历来提倡和坚持的好家风。因此,在"五好文明家庭"创建中的每个人都要树立起节约意识、强化家庭节约意识,促进社会和家庭的和谐。

2

以艰苦奋斗为荣,以奢侈浪费为耻

"八荣八耻"的社会主义荣辱观,是对社会主义道德的系统总结。创建"五好文明家庭"必须把深入学习社会主义荣辱观作为中心任务来抓,把社会主义荣辱观的实践活动贯穿于构建和谐社会的全过程,明确是非、善恶、美丑界限,提高广大家庭的社会公德水平和现代文明程度。家庭成员间互谅互让、互帮互助、诚实守信、平等友爱,形成以和为真、以和为善、以和为美、以和为贵的家庭新风，以家庭的文明和谐进步推进社会文明和谐进步。

艰苦奋斗是中华民族的传统美德。在新的历史条件下，牢固树立"以艰苦奋斗为荣、以骄奢淫逸为耻"的观念，大力弘扬艰苦奋斗精神，有利于我们提升思想境界和道德素养，坚持正确的政治方向，提高拒腐防变的能力。

　　小王的父亲是个老板。一次小王向朋友炫耀说，在家里参加了老爸的一次宴请活动，海参、鱼翅应有尽有，一顿下来花费数万元……小王面带得意，觉得能享用如此高档的饭菜，是让别人羡慕的事情。

其实，用奢侈来彰显自己的地位和价值，是虚荣心的一种反映，也是道德评判和价值取向错位的表现。在这些人的观念中，不是以俭为荣、以奢为耻，相反却是以奢为荣、以俭为耻。从社会角度看，这种错位带来的是资源的浪费、风气的败坏；从个人角度说，很容易使人迷失人生价值取向，模糊荣辱判断标准。

"历览前贤国与家，成由勤俭败由奢。"虽然我们的生活水平提高了，但我们不应提倡奢侈，更不应炫耀奢侈，而要崇尚勤俭，适度消费。艰苦奋斗是传家之宝，也是兴国之光。过去我们党团结和带领全国人民在艰难困苦中奋起，在艰辛探索中前进，创造了人类历史上辉煌的业绩。今天，按照科学发展观的要求，全面建设经济更加发展、民主更加健全、科教更加进步、文化更加繁荣、社会更加和谐、人民生活更加殷实的小康社会，进而基本实现社会主义现代化的宏伟目标，使中华民族以崭新的姿态屹立于世界民族之林，同样需要我们党带领全国各族人民以坚强不屈的意志、奋发向上的精神、积极创新的勇气，不畏艰难困苦，不懈拼搏进取，艰苦奋斗，自强不息。正如胡锦涛总书记所指出的，一个没有艰苦奋斗精神做支撑的民族，是难以发展进步的；一个没有艰苦奋斗精神做支撑的国家，是难以自立自强的；一个没有艰苦奋斗精神做支撑的政党，是难以兴旺发达的。

有的人认为，现在讲求以人为本，改善人民的物质文化生活，人们吃好穿好是应该的，提倡艰苦奋斗与大环境不相协调。这是误读了艰苦奋斗的精神实质。我们提倡艰苦奋斗,提倡俭朴节约,但并不意味着降低人们的生活水平,而是指花钱用物要适度,科学使用和节约有限的资源,着眼于满足生产与生活的客观需要,实事求是、量力而行,不因慕虚荣、求奢华、讲排场而无端地铺张浪费。

当然,在创建"五好文明家庭"中,艰苦奋斗的具体内容和方式要与时俱进。战争年代提倡艰苦奋斗,更多地体现在穿草鞋、爬冰卧雪、南征北战上;我们现在则主要体现在刻苦学习、勤奋工作、不断开拓创新上,体现在自觉抵制骄奢淫逸、廉洁自律上。正如邓小平同志曾经指出的那样,越是改革开放和发展社会主义市场经济,越要弘扬艰苦奋斗的精神。即使将来我们的国家发达了,人民的生活富裕了,艰苦奋斗的精神也不能丢。

3

勤劳致富,节俭持家,传承俭朴家风

党的十七大报告中强调指出:"倡导勤俭节约、勤俭办一切事业,反对奢侈浪费。"在创建"五好文明家庭"活动中,认真践行这一要求,关键是要把节俭当成一种习惯。

2005 年 8 月 11 日中午,温家宝总理冒着酷暑考察完马钢薄板厂、H 型钢厂,临时走进职工食堂,看望钢铁工人,和工人们一起吃午饭。温家宝走到售饭窗口前,笑着对师傅说:"我买一份饭,来点蔬菜和米饭。"温家宝端着菜和米饭走到工人们中间,一边吃,一边亲切地与工人们聊天。作为一国的总理,温家宝到基层考察公务,按规定,他可以享受与其职务相应的高规格级别的公务接待,但是他却没有去高档场所,而是走进职工食堂,自己掏钱买一份便饭,只点了一些蔬菜和米饭,和工人们一起吃。温家宝总理到职工食堂吃便饭,展现了他作为一名共产党员的人格魅力,崇尚节俭,坚决反对铺张浪费,大力弘扬艰苦奋斗的节俭精神,努力为国家建设节约型的和谐社会做贡献。

温家宝总理到职工食堂吃便饭,为我们的广大党员特别是领导干部上了一堂生动的教育课,总理的节俭精神是广大领导干部的学习榜样。古往今来,"节俭"二字一直被人们视为治国之道、兴业之基、持家之宝。坚守节俭,方可始终保持昂扬进取的状态,立于不败之地;失去节俭,百毒可侵,终会破败。大家知道,2010年的上海世博会提出了"勤俭办博"的原则,即在保证成功的前提下,不必要的项目,坚决不搞;能降低标准满足需要的,决不贪大求洋。曾经酝酿了一个"精彩程度不亚于北京奥运会开幕式"的方案最终被砍掉,主要原因是投资可能高达七八亿元。世博会的永久性和临时性场馆,无论是各国政府和国际组织,还是企业,大多顺应了环保节能、可持续发展的国际潮流,而决非以奢侈吸引观众的眼球。

谢春香是勤劳致富,勤俭持家的当阳市草埠湖镇"科技致富标兵"。走进张闸村二组,就可看见一幢二层小洋楼后有一个宽敞的大庭院,庭院墙内是一排整齐的红砖绿瓦的猪舍,走进庭院内你就会看见一个农村妇女微笑着看一群小猪崽在猪舍前的"健身场"嬉戏和晒太阳。她就是张闸村的"科技致富标兵"谢春香。

谢春香是个普通的农家妇女,一家三口人,除了平时的相夫教子外,谢春香钻研的更多的是如何科技致富。2010年拥有固定资产近四十万元,年出栏肉猪四百头,饲养十二头母猪和种植棉田四十余亩,年收入达二十万元的谢春香的家,谁都不会想到她在致富路上跌倒过几次,吃过多少苦头。

谢春香的丈夫是村里的会计,整天忙村里的公务,家里的里里外外全靠她一人操心。村里流传着"村看村,户看户,群众看的是干部"。为了让丈夫在村里有威信起示范作用,作为干部家属的她不甘示弱,要让家里先富起来。她深信依靠科技可以致富。起初她不顾一个人势单力薄,先是承包近四十亩农田,实行规模化种植两膜棉,棉花喜获丰收。手里有了本钱的她不安心只种那几十亩田,看到市场上豆芽畅销,生豆芽工艺简单,就买了豆芽机生豆芽,但因豆芽不宜保管和不便远途运输而本地市场销售有限等原因而告失败。她没有气馁,利用时间查阅各种科技致富书籍,寻找致富门路,就在这时政府号召大力发展养殖业,她和丈夫一合计,认为养猪适合她们。她拿出家里的结余和找亲朋好友借的钱盖起了标准化猪舍20间,并自办了一个小型饲料加工厂,就在她满怀信心大干一场的时候,天有不测风云,因为防疫不到位,她的猪一头接一头死去,让她净损失了2万多元。乡亲们都劝她的猪不能再养了,还有人说她啥也干不成,把田种好就行了。可她没把别人的话放在心上,而是寻找原因,认为自己还是未充分依靠科技。找出原因后,她从街上买回一台电脑,又订阅了大量的牲畜养殖书籍,这样她在家里就可以学习养猪技术和掌握市场行情。镇里也把她列为扶植的养猪大户,帮她借贷了一笔发展资金,并指定专人技术指导。依靠科技从头开始,她引进12头优良品种母猪,改善猪舍场地让大猪小猪睡觉、进食和玩耍的场所分开,防疫一次不少,喂食、饮水定时定量,这一举让她喜获丰收,年出栏肉猪400头,年产仔猪200只,年收入达20万元。

谢春香科技养猪尝到了甜头,也带动了周围的乡亲搞起了养殖。只要有人请教养猪经验,她总是不留余力的讲解。有人向她购猪崽时,她总是把长得好的卖给乡亲,乡亲家的仔猪生病时,她也积极地帮助寻找原因。现在谢春香除了在猪舍忙进忙出外,还热心村里的公益性事务,当然最热心的就是向周围的妇女姐妹们宣传她的科技致富经。以前村里有什么科技培训班,村干部总是挨家挨户地去请,如今在她的带动下总是挤时间去听,按她的说法参加科技培训就是去"磨刀",现在再也不愁没人听科技培训课了。

谢春香用庭院经济科技致富,为张闸村树立了一个巾帼致富的典型,也彰显了新一代农村妇女的风采。

真正的节俭的人有能力讲究奢侈铺张浪费,但是从内心里并不愿意这样做的人才是具有节俭美德的。艰苦奋斗、勤俭节约是社会主义荣辱观的一个重要内容,应成为经济社会生活的一个基本价值观念和行为准则。在领导干部中,是勤俭节约之风盛行,还是奢侈浪费之风泛滥,对社会风气会产生重要影响。

胡锦涛同志在中纪委七次全会上"勤俭节约"的重要讲话中要求各级领导干部,一定要带头发扬艰苦奋斗、勤俭节约的精神,带头反对对铺张浪费和大手大脚,带头抵制拜金主义、享乐主义和奢靡之风,在各项工作中都要贯彻勤俭节约原则,真正把有限的资金和资源用在刀刃上。实践证明,勤俭不会失去颜面,也不会损失精彩。相反,勤俭有望探索更多科学发展的经验,开创更多可持续发展的途径。"一粥一饭,当思来之不易,半丝半缕,恒念物力维艰。"勤俭节约,是我们为伟大祖国献上的一份厚礼,请从我做起,从身边做起。

理智消费,不搞攀比不求奢华,

人们的消费观念是受社会条件和家庭经济状况制约的。一个人不能超越社会发展所能提供的条件和家庭经济条件的状况来安排自己的消费。如果超越,就必定导致"经济危机"的发生,从而带来一系列的问题。因此,合理的安排家庭经济生活,首先要树立适度消费的观念,使自己的消费适合社会发展和所能提供的条件和家庭经济的状况。在社会主义条件下,家庭的富裕、个人消费水平的提高,必须以国家的繁荣富强为前提。只有社会主义经济发展了,国家富强了,各种社会福利保障事业建立起来了,才能为家庭的富裕、个人消费水平的提高奠定牢固的基础。因此,要想提高家庭、个人消费水平,就必须要通过辛勤劳动,为社会创造更多的财富。

人要吃穿住行,要休息娱乐,要发展自己,要维系正常人际关系,要创造良好的家庭生活环境,势必要有经济上的投入,这些都涉及消费问题,但是,虽然有钱谁都能花,但未必人人都能把钱用到是处。因为消费中也有科学,所以不仅要学会勤劳致富,而且更要学会科学消费,合理消费。

消费意识,是反映在人们消费活动中形成的,并对消费活动起着决定性影响的生活观念和心理追求。如身无居处的单身汉首先想到的是赚钱后买房子结婚;对音乐情有独钟的少女也许对穿戴并不在意,宁可用手头仅有的积蓄买回满意的钢琴;而对赌徒来说,对子女都可能锱铢必较,但把几十万元投入赌场却毫不在意,这说明,在任何消费行为的背后,都有一定的人生观、道德观、价值观在实际起支配作用,因此决定了人们的消费目标、消费手段、消费结果上的截然不同。

正确的消费意识,必须充分考虑到目前我们国家整个生产力还较低,大多数人生活不非常富裕的现实,必须充分考虑到个人与家庭的实际经济收入状况,必须充分考虑到要有利于个人、子女、家庭的身心健康。既着眼于现在的生活,更要谋之于长远。"人无远虑,必有近忧"。哪个家庭都可能会有猝不及防的困难出现,有备方能无患。那种只图一时痛快,胡花乱用,不计将来的生活态度,最终受到惩罚的只能是自己。在市场经济环境中,没有钱的确是不行的。但是,也不要把金钱看得太重,更不要因此自我烦恼。因为每个人都有每个人的具体生活环境,主观条件千差万别,尤其是在还不完全成熟、规范的市场经济条件下,机会并不完全均等,从而决定了人们贫富程度差距较大的现实。只要你付出艰苦劳动,也曾为创业的进取努力奋斗过,内心同样会感到平衡、自慰。即便生活淡泊些,同样会受到他人与社会的尊重。

一位在外资企业任部门经理,收入不菲,生活中喜欢讲排场、摆阔气,常常出入高档酒楼、歌舞厅,才买的手机没用多久又换新款。朋友劝他花钱别那么大手大脚,他反驳道:"我个人挣钱个人花,与别人无关呀。"人生活在社会中,不可能不对他人产生影响,也不能不对自身行为的社会影响负责任。君不见,高档饭店摆阔斗富、豪华婚车街头风光,都会成为社会舆论的众矢之的,原因就在于其个人行为已经对社会风气产生了不良影响。从此意义上说,奢侈不仅是个人品德问题,也是一个社会公德问题。尤其对党员干部来说,奢侈更非个人私事,而是事关党的形象以及党员在群众心目中威信的大事。明白这个道理,我们就应该自觉杜绝奢靡,倡导勤俭节约的好风气。

一个家庭根据什么原则确定自己的消费方向,具体怎样消费,在多种生活消费需要中应先选择什么,后选择什么,都需要有长计划,短安排,科学进行"家庭经济预算"。要充分考虑消费的可能性。从社会角度看,消费水平要与国情、国力相适应,消费的速度不能超出社会经济的发展速度。就个人来说,消费生活水平要与个人的消费能力相适应,本着有周密计划、区别轻重缓急、"把好钢用到刀刃上"的原则做出留有余地的安排。那种不顾个人的经济实力寅吃卯粮、负债"经营"、"透支"享乐,甚至通过非法手段来换取人生"辉煌"、"潇洒"的做法,是不足取的。

人的消费需要,不仅表现在物质方面,而且表现在精神方面。尤其是当人们的物质生活比较充裕、衣食住行不再成为困扰人们的主要生活难题时,精神方面的需求会越来越突出、越来越迫切、越来越必要。这种物质生活与精神生活的统一,是一种更高层次的要求,也是人们不断丰富自己、发展自己、完善自己的必经途径。现实生活中不乏这样的人,他拥有万贯家财,亭台楼阁富丽堂皇,千金能买歌厅靓女一笑也不皱眉头,但家无藏书一本,"穷得只剩下钱",对于这种精神贫穷的人社会是不屑一顾的。因此,在创建"五好文明家庭"活动中,每个公民在通过诚实劳动充分享受受现代物质文明成果时,还应当自觉地培养高尚的道德情操和审美情操,有能力品尝到更丰富的精神文明佳肴。

作为一个文明家庭的成员,在消费上,应当在统筹兼顾的前提下,自觉地向精神文明消费方向转移,由以满足比较一般的需求为主向更高的层次过渡。如:博览群书,可以使你知识丰富;同识多见广的朋友促膝谈心,可以使你智高一筹;多行助人为乐善事,可以使你德高一品;习功练武、染墨丹青,既能强身健体,又能达到磨炼意志的目的;游三峡,登黄鹤楼,更是别有一番激情……生活是瑰丽多彩的,任何健康的选择都可以为你锦上添花,使你的生活格调更加高雅。

5

当省则省,节约每一张纸每一度电每一滴水

生活中,"节俭"的真正含义是:当用则用,当省则省,也就是说,钱要用在刀刃上。但"吝啬"的含义却不同,它是指该花的钱不花,不该省的钱也要省。正如英国著名文学家罗斯金所说:"人们经常认为,节俭的意思应该是'省钱的方法'。其实这是错误的,节俭应该解释为'用钱的方法'。也就是说,我们应该如何去购置最适用的家具;怎样把钱花在最恰当的用途上;怎样合理安排衣、食、住、行,以及娱乐等方面的开支。总而言之,我们应该把钱用得最为恰当、最为有效,这才是真正的节俭。"

陇西县菜子镇菜子村蔺德富生于 1962 年 10 月,1995 年 5 月加入中国共产党,2004 年,担任菜子镇菜子村党支部书记。参加工作,尤其是担任菜子村党支部书记以来,他始终以共产党员的标准来严格要求和规范自己的行为,团结和带领全村广大干部群众苦干实干,致力于全村经济和社会各项事业的快速发展,用实实在在的行动体现了共产党员的先进性,使菜子村呈现出一派蓬勃发展的新景象。菜子村位于菜子镇中部,是菜子镇政府所在地。全村辖 9 个村民小组,574 户、2734 人。现有耕地 3140 亩,人均占有耕地 1.15 亩。蔺德富走马上任后,立足菜子村人多地少、地理位置优越实际,与村支部成员深入研究调查,提出"调优产业结构,扩大劳务输出,改善基础设施"的强村富民思路,积极引导群众参与,在镇党委正确领导下,经过村党支部和全村群众的不懈努力,使菜子村经济发展取得了一定成效,农民收入逐年增加,发展潜力不断提升。为了使菜子村人早日过上好日子,蔺德富按照"发挥优势大搞城镇建设、优化环境展示菜子风采、调整结构拓宽增收渠道"的工作思路,走家串户,宣传动员农户加入到农业产业结构调整的队伍中来。

2005 年,菜子村中药材种植面积达 1700 多亩,种植大棚蔬菜 13 亩,在繁荣当地市场的同时,有力地增加了农民收入。种植业提供农民人均纯收入由 2000 年的 326 元增长到 403 元,增长 23.6%。畜牧养殖方面,全村发展肉牛养殖户 83 户,占全村户数的 15%,畜牧养殖业提供农民人均纯收入由 2000 年的 340 元增加到 420 元。近年来,劳务输出成了农民增收的主渠道,针对村上农民普遍存在的文化程度低、缺乏劳动技能的实际,蔺德富积极向镇党委争取资金,在镇党委、政府支持下,成立菜子村劳动力技能培训输转学校,举办以电动缝纫、民用建筑、保安为主的培训班,全村常年输出人数达 820 多人,创收 184 万元。加快发展离不开良好的环境。立足菜子村实际,紧紧围绕建设社会主义新农村这一主题,蔺德富带领村党支部一班人,在全村党员中率先开展了清理河道、清理垃圾、清理死角、平整道路的"三清一平"党性实践活动,组织党员群众平整通社道路 2 条 2.4 公里,清理村内垃圾 6 处,村容村貌大为改观。同时,多方筹集基础设施建设资金加大了对梯田、村社道路、河堤河道等基础设施的投入力度,全村基础设施建设明显得到改善,投资环境得到了优化,招商引资步伐加快。2005 年 4 月,通过努力,福建个体老板郑玉富投资 180 万元与菜子草源中药饮片厂,与马福荣合作扩大企业生产规模,各类饮片产量比往年同期净增 90 吨,收入净增 36 万元,不但解决了村上富余劳动力就业问题,也进一步带动了全镇中药材产业的发展,社会效益与经济效益明显提高。为了进一步增强菜子村发展后劲,他带头参与小城镇建设和项目建设,带头协调解决工作的各种矛盾,为群众讲政策、讲法律,动之以情、晓之以理,从很大程度上促进菜子镇小城镇建设和易地扶贫搬迁项目建设,使菜子村发生了前所未有的变化。在他的团结和带领下,全村广大干部群众积极投身项目建设和城镇建设,累计完成投资 2864 万元,吸纳民间资本 1291 万元,招商引资 129 万元,完成通达路、药兴路 99 户 14100 平方米拆迁、投资 61.9 万元的镇区人饮工程,自来水入户 218 户、投资 90 万元的小康住宅示范小区,规划住宅 175 户,户均占地 240 平方米,已建成 126 户、建成商住楼 76 套,并投入使用。易地扶贫搬迁项目已完成 194 户农户安置、59 米菜子河大桥和 1200 米防洪河堤加固工程,从根本上解决了菜子村山区 198 户 1148 人行路难、饮水难、上学难、求学难的问题,为菜子村域经济发展提供了更加优越的环境,带来无限活力。所有这些成绩的取得,无不凝聚着蔺德富的心血与汗水,没有休息日,没有额外的酬劳,家里的农活落在了妻子的肩上,他自己常常是早出晚归,不论是拆迁安置还是土地征用涉及的农户,他都亲自上门挨家挨户讲政策、宣传动员,组织协调,有时会被不理解的群众骂个一塌糊涂,可这些委屈他都默默地承受了,因为他觉得为了菜子村的发展,这种委屈受得值,总有一天村民会明白的。对于菜子村的今后,蔺德富充满信心,因为村上有一支敢想敢干、会想会干作风和本领过硬的领导班子,一支团结群众,凝聚人心干事业的领导班子,民心齐泰山移,这样的班子一定可以使菜子村的发展驶入快车道。

蔺德福全心全意工作,工作出色,但没有时间照顾家庭,繁重的家务,孝敬老人的重担落在了妻子一个人肩上,她全力支持丈夫的事业、工作,在家里做妻子、做母亲,侍奉老人,为了料理好家务,长期以来,她养成了中午不休息的习惯,始终把家务做得井井有条,给老人、儿媳、孙子创造了一个舒心安逸的生活环境,同时也受到了邻里的赞扬。在处理家庭的大事情时,夫妻平等对待,互相通气,共同磋商决定,只要是合理的事情,双方都无异议,做到办每件大事双方心情都舒畅。他们勤俭持家,合理安排收入,从不铺张浪费,小到油盐酱醋,大到丧事喜事。2006 年11 月婆婆去世了,为了给邻居们做节俭的楷模,他们只花了4200 元就把丧事办了。这事对邻里乡亲影响特别大,从此,村民办事也不铺张浪费了。日常开支,妻子能合理安排,克勤克俭,该花的一定花,不该花的从不浪费,当别人遇到困难时,能够尽心尽力给予帮助。他们遵纪守法,在社会上是好公民,在本村是好社员,子女在外打工是好工人,他们永远是菜子村有口皆碑的"五好文明家庭"。

无论生意做多大,要想取得更多的利润,节约每一分钱,实行最低成本原则仍然是非常必要的。要知道,节约一分钱就等于赚了一分钱。节约每一分钱,把钱用在刀刃上,这应该是理财的基本要求。一个人若想取得事业上的成功,养成自我克制的节俭习惯是非常重要的。有些人总认为节俭和吝啬是一回事,其实这是一个认识错误。

在一家效益很好的金融机构,有一天老板让秘书告诉全公司员工,所有的纸都要两面用完才能扔掉。表面上看来,老板极其吝啬,在一张纸上都要做文章,其实这样做自有他的道理,正如这位老板所说的那样:"让文员和秘书这样做,可以使公司减少支出;相对来说,就是为公司增加利润。同时,这样做也可以培养员工的节俭精神和成本意识。"

很多世界著名的大公司都对纸张的使用有着严格的要求,比如在打印机和复印机旁一般都设有三个盒子:一个是盛放新纸的,一个是盛放用过一面留待使用背面的纸的,另一个才是盛放两面都用过可以处理掉的纸的。如果用过一面的纸张不便用作打印或复印,可以简单装订起来作草稿纸用,或者用于财务报销时贴发票,总之一定可以另找到用途,从而不浪费资源。如果午餐时间到了或员工正在午休,你会发现很多公司的办公室内灯光暗淡、电脑也似乎没有开机。不要担心,这一定是吃饭和午休时间,办公室的主人们也许正在公司的餐厅或楼下的咖啡厅闲坐呢。不少公司还规定一次性纸杯只能供客人使用。在公司开会时,经常可以看到客人一侧是清一色的纸杯,而公司职员这一侧则是风格各异的瓷杯或玻璃杯。这是因为很多公司倡导环保节约的理念,即使这样小的细节,也规定得特别详细。企业管理者们让员工从小事做起、从我做起的目的,就是希望员工头脑中有一个简单却至关重要的概念,那就是公司的每一位成员都有责任尽力帮助公司赚钱。如果所有的员工都能够养成节俭的美德,并习惯于这样做时,就能为公司带来实际的效益。

节俭是一个人成功的基础,它能使人站稳脚跟,鼓起巨大的勇气,振作全部的精神,拿出全部的力量,来达到成功的目标。如果每个人都养成节俭的习惯,世界上将有更多的人走向成功。在创建"五好文明家庭"活动中,让我们把节俭变成日常工作的一部分。从双面打印、人走灯灭、缩小页面边距、废物利用、随手调高空调温度、减少室内开灯次数、能步行的不坐公车等,将这些与我们平时息息相关的琐事、小事、平凡事当成厉行节俭的一块阵地,把节约每一滴水、节约每一度电、节约每一张纸当成一种良好的习惯并持之以恒地坚持下去。

6

爱护环境,增强环境意识,学习环保知识

人类文明发展到今天,"和谐"一词也越来越深入人心了,"人与人的和谐"、"人与社会的和谐"、"人与自然的和谐"是一个永恒的主题。人与自然和谐共处正是我国建设和谐社会的重要内容之一。保护环境是我国三大基本国策(计划生育、土地资源、环境保护)之一。普及环境保护科学知识,提高人民群众的环境意识是搞好环境保护的基础性工作,也是一项战略任务。

重庆因多家大理石加工厂大量私排未经处理的污水导致嘉陵江水源质变,导致人民生活用水堪忧。也许因为我们没有生活在嘉陵江畔,不能切身体会到嘉陵江的水源质变给我们日常生活带来的切肤之痛。可是 2011 年"3.11"日本地震引发的海啸和核泄露,却导致远隔大洋的我国和与日本近邻国家均出现了不同程度的因抢购引起的恐慌。数十国为了本国公民的身体健康不得不限制从日本进口被污染的农产品。更为严重的是海水污染和大气污染,成为世界性灾难。

此次污染面积极之广、灾难之重前所未有,对各国人民生活造成的影响之大已到了无以复加的地步。由此可见,良好的环境是我们赖以生存的根本。随着社会发展日新月异,人民生活逐渐富足,生活质量不断提高,环境却日益恶化,安全事故时有发生,已严重影响到人们的正常生活和社会发展进程。

环境是文明和社会进步的重要标志,营造优美的环境是我们共同的需求。当我们漫步或行走在花园式的厂区中时,一定会感到心旷神怡;当我们在整洁清净的环境中工作时,定会倍感心情舒畅。优美的环境,让我们懂得珍惜,学会爱护;优美的环境,让我们更加文明;优美的环境让我们学会谦让,学会做人。人人都渴望拥有一个美好的家园,人人都希望工作在人与自然和谐发展的优美环境里。爱护环境卫生,是我们每个人共同的义务和责任。

2011 年,长春市开展"联合保护城乡环境,共建绿色宜居城区"活动以来,绿园区妇联组织创新活动方式,通过创建"环保家庭",为方方面面参与生态文明建设,提供载体、搭建平台,倡导千家万户担负起保护环境的责任和义务。

为引领每个家庭成员树立节能环保的科学观念,养成绿色、文明的生活方式,绿园区妇联开展了"学、乐、美"三进家庭。他们印发了《低碳生活知多少——节能金点子》2000 余册,制作家庭节能环保袋,在"低碳家庭、时尚生活"启动仪式上,向人们免费发放,以广播、横幅、标语、办黑板报、张贴节能减排知识宣传画等方式,向家庭宣传环保家庭的内涵、意义、目标,增强人们的资源环境忧患意识。同时,以妇女为骨干的合唱队把节能环保好做法、好典型、好经验等内容唱成歌曲、编成舞蹈,通过群众喜闻乐见的形式寓教于乐;组织开展节能减排家庭知识竞赛、环保知识专题讲座,引导每个家庭自觉做好"家庭环保计划 20 件事",包括使用节水器具、使用无磷洗衣粉、使用菜篮子、布袋子,拒绝过度包装,注意一水多用等等,身体力行,从自家做起,养成节约能源资源的良好习惯……

为让更多家庭参与到节能环保行动中来,绿园区妇联还创新活动载体,开展"三个结合":与开展学习型家庭创建活动相结合,大力开展关注环保、关爱生命、善待自然的学习充电活动,不断扩大环保家庭创建的覆盖面和影响力;与开展绿色环保家庭创建活动相结合,组织开展绿色环保创建活动,大力促进家庭倡导简约环保的生活方式,与参与活动的家庭签订"联保共建"环保家庭协议书;与家庭教育工作相结合,扩展创建活动内容,扩大环保家庭建设的群众基础。各级妇联组织积极行动,引导开展以优化生活环境为主题的阳台绿化、居室美化、楼道净化、环境优化的"家庭四化"活动,使环保意识和行为成为家庭美德建设的重要内容,引领了家庭生态节约风尚。

科学发展观的实质是实现又快又好的发展。在运用科学发展观实现企业又快又好发展的同时,我们绝不能以牺牲生态环境为代价,绝不能以牺牲人的生命为代价。因此,做好环保与安全,是实践科学发展观新形势下企业必须履行的社会责任。保护生态环境是一项长期的、复杂艰巨的系统工程,需要政府、企业、市民方方面面的共同努力。

保护环境是社会主义精神文明建设的重要组成部分,对环境保护工作起着先导作用群众环境意识的高低是衡量一个国家与民族文明程度的重要标志。我国公众环境意识的提高,对实行两个具有全局义的根本性转变、实施科教兴国战略与可持续发展战略、实现我国的环境保护目标至关重要。开展环境宣传教育工作,正是为了增强全民族的环境意识,指导人民群众用正确的、可行的方法来保护环境。

环境宣传与教育是开展环保工作的坚实基础。环境保护工作"靠宣传教育起家",这是对环境宣传教育在环境保护工作中基础地位的形象概括。但是,环境意识调查结果表明,目前,公众的环境意识还比较低,不同地区、不同群体的环境意识存在明显差异。万丈高楼平地起,进一步提高人民群众的环境意识,是当前我国环境保护工作的一项十分紧迫的任务。

在创建"五好文明家庭"活动中,只有群众先了解、认识环保,才能积极地投身于环抱,只有得到人民的支持,依靠人民的力量、社会的力量,才能做好这功在当代,利在千秋的民心工程。而群众从无意识到有意识地保护环境,需要一个过程,这个过程也是一个环境宣传教育的过程。

7

做好家庭垃圾分类,爱护环境从身边做起

我们每个人每天都会扔出许多垃圾,你知道这些垃圾它们到哪里去了吗?它们通常是先被送到堆放场,然后再送去填埋。人们大量地消耗资源,大规模生产,大量地消费,又大量地生产着垃圾。难道我们对待垃圾就束手无策了吗?其实,办法是有的,这就是垃圾分类。垃圾分类就是在源头将垃圾分类投放,并通过分类的清运和回收使之重新变成资源。

从国内外各城市对生活垃圾分类的方法来看,大致都是根据垃圾的成分构成、产生量,结合本地垃圾的资源利用和处理方式来进行分类。如德国一般分为纸、玻璃、金属、塑料等;澳大利亚一般分为可堆肥垃圾,可回收垃圾,不可回收垃圾;日本一般分为可燃垃圾,不可燃垃圾,等等。如今中国生活垃圾一般可分为四大类:可回收垃圾、厨余垃圾、有害垃圾和其他垃圾。目前常用的垃圾处理方法主要有:综合利用、卫生填埋、焚烧发电、堆肥、资源返还。

家庭是社会的细胞,也是垃圾减量和垃圾分类的基础。垃圾处理是一个系统工程,一环扣一环,没有第一步的分类,将厨余垃圾和可回收利用的废纸、塑料袋的分类,就没有第二步分类收集和第三部的分类处理。家庭最基础最基本的垃圾分类,不仅减轻了工人的负担,为垃圾处理提供了方便,为保护环境做出了贡献,更重要的表现了现代人对环保工作的责任意识和奉献精神、体现了一个人先进的生活理念和文化修养。

北京房山区河北镇磁家务村的村民,把垃圾分成了5类,灰土、厨余垃圾、可回收垃圾、有害垃圾和其他垃圾。每天早晨村里有专人到村民家门口收垃圾,收的时候,司机会问是"厨余垃圾还是灰土?"然后分别倒入分类垃圾车。把能堆肥的就地堆肥然后施撒到农田中,灰土被用来填坑垫道,有害垃圾运到专门处理厂消纳。实施垃圾分类后,全镇垃圾从过去的每年2200吨减少到了700余吨。这减少的1400余吨的垃圾,正是由村民一家一户,一点一点的垃圾积攒起来的,没有一家一户的细致分类就没有这1400余吨的分类垃圾,可见一家一户的斤斤两两,集合起来就是成百上千吨,真是人心齐、垃圾移。

房山区河北镇磁家务村为什么能做到垃圾减量和垃圾分类,就是因为他们意识到了,垃圾的增量填埋,不仅侵占了土地、污染了土地和地下水、污染了环境、环境影响了村民的健康。更重要的是长此以往,整个村子将被垃圾吞没,他们将生活在垃圾的包围中,还会因此失去祖祖辈辈赖以生存的土地。人不能让垃圾断了生路! 人不能让垃圾祸害子孙! 垃圾减量和分类不是为了别人而是为了自己,正是有了这样的环境危机意识,村民才自觉地养成垃圾减量和垃圾分类的习惯,才有了减少700余吨的垃圾成果。

随着经济的发展和人民生活水平的提高,垃圾问题日益突出。我国668座城市,2/3被垃圾环带包围。这些垃圾埋不胜埋,烧不胜烧,造成了一系列严重危害。因此,在创建"五好文明家庭"活动中搞好垃圾分类是一项重要任务。根据调查,垃圾资源化潜力随着生活水平和经济的发展也不断增长。在垃圾成分中,金属、纸类、塑料、玻璃被视为可直接回收利用的资源,占垃圾总量的42.9%,可直接回收利用率应不低于33%。而且,垃圾中的其他物质也能转化为资源,如食品、草木和织物可以堆肥,生产有机肥料;垃圾焚烧可以发电、供热或制冷;砖瓦、灰土可以加工成建材等等。所以说垃圾山可以变成金山。各种固体废弃物混合在一起是垃圾,分选开就是资源。如果能充分挖掘回收生活垃圾中蕴含的资源潜力,仅北京每年就可获得 11 亿元的经济效益。可见,消费环节产生的垃圾如果及时进行分类,回收再利用是解决垃圾问题的最好途径。我们便可以看到,垃圾分类创造的是一个无垃圾的社会,一个使资源循环再生的社会,而这一切只需要我们的举手之劳。只有这样才可以让我们的社会更加美丽。

8

积极节能减排,建设"低碳家庭"

建设资源节约型社会是建设和谐社会的前提,而建设节约型家庭是建设节约型社会的题中应有之义。在创建"五好文明家庭"活动中,每个家庭成员都要树立起节约意识、强化家庭节约意识、环保意识和生态意识,倡导绿色消费,保护生态环境,使家庭自觉融入资源节约型、环境友好型社会的建设实践,促进人与自然和谐发展,最终达到社会的和谐。

研究表明,人们在生活和消费过程中的过量碳排放,是造成全球气候变暖的重要因素之一。所谓"低碳生活",就是指生活作息时所耗用的能量要尽力减少,从而减低二氧化碳的排放量。在气候压力日趋加大的今天,发展低碳经济,开展低碳城市建设,全面实现低碳生活逐渐成为社会各界共识。

"低碳经济"是近年来国际社会应对人类大量消耗化石能源、大量排放二氧化碳引起全球气候灾害性变化而提出的新概念。"低碳生活"虽然是个新概念,其本质却是"可持续发展"这一老话题,它反映了人类因气候变化而对未来产生的担忧,全球变暖等气候问题致使我们不得不再一次考量目前的生态环境。

在低碳生活方式逐渐兴起的今天,我们不应该仅仅把它看做是一种潮流,而更应该关心的是我们本身有没有为节能减排做些什么?生产和消费过程中出现的过量碳排放是形成气候问题的重要因素之一,因而要减少碳排放就要相应优化和约束某些消费和生产活动。低碳生活看起来很遥远,却和我们每一个人都息息相关,我们应该积极提倡并实践低碳生活,注意节电、节水、节油、节气,从身边的点点滴滴做起。转向低碳经济、低碳生活方式的重要途径之一,是戒除以高耗能源为代价的"便利消费"嗜好。推行"低碳经济"不仅意味着制造业要加快淘汰高能耗、高污染的落后生产能力,推进节能减排的科技创新,而且意味着引导公众反思哪些消费模式和生活方式是浪费能源、增排污染的不良嗜好,从而充分发掘服务业和消费生活领域节能减排的巨大潜力。

在开封市开发区国税局工作的张丽已尝试"低碳生活"。半月前,她在网上浏览联合国气候变化大会相关信息时,发现流行一种"碳排量计算器",她随即计算了一下自己的碳排量。你家里是否使用节能灯泡?坐公交车和出租车哪个次数多……耐心答完问题,张丽吃惊地发现,自己一年竟然能制造3吨二氧化碳。"我随后抄写了许多节能减排的小常识,贴在墙上,改变生活方式。比如把米浸泡10分钟,再用电饭锅蒸,就能节电4.5千瓦时,折算就是减少4.4千克二氧化碳排放呢。"张丽还让自己的私家车周末"放假","出门远了坐公交,近了就步行,既环保又健康。"在她的影响下,她的许多朋友都开始尝试"低碳生活"。

准备结婚的陈强自称是"低碳人"。"我们买的家电都是标有节能一级或二级的,空调只在卧室安装了一匹挂机。节能减排的目的是低碳,而低碳可不只是节能减排。"陈强说,"低碳生活"存在于家庭生活的每一个细节。"我们用洗衣服的水冲厕所,每次看完电视都要断开电源。""其实做'低碳人'不难,主要是节省、回收、重复使用。比如,听音乐时尽量把声音调低,关掉饮水机,烧开水冲暖瓶"……陈强的女友说。
在创建"五好文明家庭"活动中,"低碳"是一种自然而然的去节约身边各种资源的习惯,只要我们每个人愿意主动去约束自己,改善自己的生活习惯,那么每个人都可以在无形中成为一个"低碳族"。

随着联合国气候变化大会的召开,低碳减排成为人们关注的话题,同时也在许多市民中掀起了一股自觉环保热潮。人人"从我做起",自觉节能减排,成了一种时尚的生活方式。其实,生活中有很多低碳细节是可以做到的,比如午休时随手关掉电脑电源,少开私家车改坐公交车,去户外跑步取代跑步机,等等,其实这些都是我们力所能及的事。

中国是世界第一人口大国,每个人生活习惯中浪费能源和碳排放的数量看似微小,但一旦乘以庞大的人口基数,那么所得出来的数字将令人咋舌。气候变化与百姓生活息息相关,在提倡健康生活已成潮流的今天,"低碳生活"是一种潮流生活方式,也是作为"地球村"中一员主动承担责任、积极履行义务的体现。

第七章　打造千家万户"平安家庭",建设平安和谐美好社会

　　家庭的平安与和谐是整个社会平安与和谐的基石。家庭不安,社会难安;家庭平安,社会才能平安。没有千千万万个家庭的平安与和谐,也就绝不可能有全社会的平安与和谐。创建"平安家庭",不仅关系着每个家庭、每位公民的幸福与安宁,也是建设一个平安、和谐、美好社会的重要内容。所以,每一个家庭都有责任和义务投入到"平安家庭"创建活动中来,着力打造"平安家庭",共同建设美好社会。

1

家庭平安是社会稳定的基础

　　家庭是社会的细胞,是每个人幸福生活的港湾。开展平安创建活动,是每个家庭平安幸福的需要,也是社会和谐稳定的需要。在我国的传统中,每年过春节,家家门上都张贴"出入平安、四季平安"的平安联,以祈祷全家平安;过节要燃放鞭炮,其寓意是驱鬼避邪,以保佑家人平安。可以说人们对平安的祈盼和执著的追求,从来没有停止过。特别是在我们改革开放的新时代里,经济高速发展、社会全面进步、人民生活幸福指数显著提高,在人们共享改革开放成果的同时,对家庭的平安和社会的稳定倍加的重视和珍惜。

　　但在现实生活中,影响家庭平安和谐的因素依然存在,有些家庭信奉封建迷信或邪教,使家庭生活偏离正常的轨道;家庭暴力时有发生,受害者多为妇女儿童,使他们的身心受到严重伤害;伦理道德失范,婚外情导致家庭离婚率上升,使婚姻家庭基础出现危机;家庭子女教育存在缺陷,青少年犯罪问题突出;黄赌毒等社会丑恶现象,成为破坏家庭的"杀手";家庭贫困,就业难等问题,成为导致个别家庭成员违法犯罪的诱因。这些问题,直接影响着家庭平安与幸福,同时也严重的影响着社会的和谐与稳定。

　　淳安县石林镇富德村王月花户是一个幸福的五口之家,婆婆、丈夫和一双儿女。她家和大多数家庭一样,只是一个平凡的家庭,没有什么轰轰烈烈的事迹,但是她们全家人遵纪守法,互敬互爱,积极进取、爱岗敬业、乐于助人,家庭和睦、温馨,深受邻里、单位和社会的好评。

王月花和丈夫都是农村人,结婚后几十年如一日,夫妻在生活中相互照顾,在工作中相互理解,遇到困惑相互开导。婆婆86岁了,王月花把婆婆看作是自己的母亲来孝敬。如逢年过节就更多做点好吃的给婆婆,婆婆过生日就给她送上礼物。同样的,老人也把这个媳妇当作亲女儿来关爱,经常留着好吃的东西放在家里给媳妇吃。端茶送药、打泡脚水,等等,虽然这些都是平凡的小事,不足以挂齿,但它就像催化剂一样,使王月花和婆婆之间的感情日益融洽,家庭和睦、快乐。丈夫是村里的党支部书记,王月花为了支持丈夫的工作,除了敬老院的工作以外,主动承担了做家务、种菜、养家禽、侍候婆婆的责任,家里家外操持得有条不紊。

真心待人是王月花全家人的处事态度。她一家人与邻居都能够和睦相处,邻居们有些事情做不了或需要帮忙,他们都热心帮助。她的丈夫每年都要义务献血,碰到有困难的家庭他们都要献爱心捐款捐物。她积极支持村里的公益事业,甘当清洁庭院的志愿者。村里一位妇女接连遭受不幸导致身心不健康,家里的农事都不能正常生产。每到农事繁忙季节,王月花总是抽空去帮她干农活、做家务,赢得了村民们的好评。

王月花的家庭倡导文明科学的生活方式,注重科学理财、合理消费、勤俭节约。她们经常说:"虽然现在的生活条件越来越好了,但是勤俭持家的传统不能丢,生活中点点滴滴要从每件小事做起。"家里面的每样东西能修复利用的,从来不轻易地丢弃,尽量使其再发挥作用。她们还在房前屋后都种植了树木、花草,为家庭创造了一个舒适、优美的生活环境。

在日常生活中,王月花五口之家积极维护社会公德,诚实守信,自觉遵守各项法律法规和公共秩序,严格遵守国家计划生育政策。丈夫在工作中,坚持廉洁奉公的原则,严于律己,宽以待人。他们常说:"只有每个人都奉献一点爱,家才会更温暖,只有每个家庭都幸福了，我们的社会也才会更和谐。"

在"五好文明家庭"创建中，平安家庭要充分发挥家庭在平安创建中的能动性。家庭能动作用如何发挥，直接会影响创建活动的效果。在创建平安家庭活动中，要把增强家庭成员平安意识作重点，把引导家庭成员充分参与作关键，把充分发挥家庭成员能动作用作为动力，使家庭成员人人重视平安，人人维护平安，人人建设平安。

创建平安家庭，要始终围绕构建社会主义和谐社会的大目标来开展，最大限度消除和减少影响家庭平安和谐的消极因素，最大限度地增加有利于家庭平安和谐的积极因素，以家庭的平安，促进全社会的和谐与稳定。在创建"五好文明家庭"活动中，我们要着重抓好以下几个环节：

一、要确立平安家庭创建的目标。平安家庭创建活动，要与社会主义和谐社会建设紧密结合，社会主义和谐社会是一个民主法制、公平正义、诚信有爱、充满活力、安定有序、人与自然和谐相处的社会。按照社会主义和谐社会的目标要求，家庭平安创建的目标应定位在：崇尚科学、勤劳节俭、遵纪守法、健康文明、邻里团结、家庭和睦、尊老爱幼、环境整洁、积极向上，人与自然、家庭与社会和谐相处。

二、坚持把宣传、教育、引导贯穿创建活动全过程。创建平安家庭，既是家庭义务也是社会责任，既要解决实际问题，也要解决思想观念问题。因此，做好宣传、教育、引导工作对推动平安家庭创建活动尤为重要。通过广播、电视、报刊、专栏以及文艺、体育、技能比赛等形式和方法，广泛、深入的开展宣传教育活动，做到家喻户晓，人人皆知，不断扩大群众对创建活动的知晓率和参与度。通过宣传教育活动，使广大群众比较系统的了解和掌握一些基本的科技文化知识，政策法规知识、文明礼仪知识、安全防范知识、和增收致富的技能等。要注重发现和培养典型，通过对典型引路使创建活动更加贴近生活，贴近家庭，贴近实际，使创建活动学习有榜样，创建有方法。

三、创建活动要注重发挥家庭的主体作用。创建平安家庭，要坚持以家庭为主体，充分发挥内因的作用。平安家庭首先要使家庭成员提高对平安创建活动重要性的认识。开展平安家庭创建活动，是落实以人为本，构建和谐社会的具体实践活动，其目的是通过创建平安家庭来实现社会基本单位的平安和谐，使和谐社会建设具有更加广泛坚实的社会基础。平安家庭要增强对平安家庭创建活动针对性的把握。每个人都希望自己的家庭平安，这是共性；但每个家庭之间存在差异，他们对平安的理解和需求各不相同，这是特殊性。开展平安家庭创建活动，既要注重宏观指导，整体推动，更要注重微观的把握和有针对性的操作。比如有的家庭因经济困难，致使家庭成员通过非法手段谋求增加收入，从而出现了违法犯罪；有的由于赡养老人问题出现家庭矛盾，家庭处于长期无休止的争斗当中，使家庭关系陷入危机；有的家庭由于教育不当，出现了子女逃学、吸毒、不务正业，给家庭希望蒙上阴影。这就需要我们根据每个家庭的具体情况，去开展工作、化解矛盾、解决问题。这样才能使创建工作更具实效和生命力。

2

家庭不安社会不安，家庭平安社会才能平安

现代汉语词典对家庭和平安的解释分别是：家庭是以婚姻血缘为基础的社会单位；平安是没有事故、没有危险、平稳安全；从词义上对家庭平安可以理解为，作为社会单位的家庭没有事故、没有危险、平稳安全。古往今来，幸福平安是人们的普遍的愿望。平安家庭创建活动是一项具有综合性、系统性、长期性的工作，是一项与千家万户密切相关的民心工程，也是构建社会主义和谐社会的基础性工程。为了家庭的平安，让我们每个人都奉献一份爱心和责任，一个个平安的家庭必将成为支撑我们社会和谐稳定的基石。

在生活中，家庭的喜怒哀乐往往是社会情感浪潮的重要源头。人都是有情感的,是在面对外部事物所产生的喜与悲、苦与乐亲身体验,表现为情绪、情感。情绪情感既有个人的,也有集体的,我们在这里所讲的家庭情感、社会情感都是集体的。家庭情感常常成为社会情感的源头,是通过两种方式变的,一种叫汇聚,家庭情感常常汇聚成社会情感的大潮。某种意义上讲,社会情感是家庭情感的大合唱。一种是引发,家庭的喜怒哀乐常常引发社会情感。

2008年发生的"瓮安事件",就是6月份在河里发现了一具初二女生的尸体,公安经过鉴定认为溺水而亡,家庭不相信公安的结论,抬着这个孩子走上街头,带动影响了当地群众对公安、政府的不满,从而引发了大规模的群体性事件。

当17岁女孩李树芬的尸体被从瓮安县西门河打捞上来时,已是2008年6月22日的凌晨3点多。此时,距她落水的时间已过了3个多钟头。那一刻没人料到,这位瓮安三中初二(6)班女生的离奇死亡,在其亲属不屈不挠的执著下会演变为一场大规模群体性事件而震惊全国。6月28日周末,瓮安的街头行人比往常更多。这一天是李树芬走后的"头七"。根据黔南州气象台发布的天气情况,当日瓮安天气为晴间多云。下午4点,一只奇怪的游行队伍打着白布横幅、标语穿县而过。这300余人的队伍里面,大部分是十三四岁的少年,其他成年人看起来像是家长。他们是前来为李树芬的死因"讨说法"的。少年多半是她的同学们。游行队伍从停尸地点西门河大堰桥边出发进城"喊冤",途经县委县政府,折回了县公安局的大楼。尾随围观的瓮安人越来越多。有人抬来液化气等点火焚烧,有人从一楼冲到五楼,翻抽屉、砸柜子、摔电脑,有人乘机把电脑主机和荧屏等物品抢了出来,有人在政府大院当场打开车库,将车推出来焚烧,然后烧县委大楼。

贵州省公安厅发言人王兴正在7月1日的新闻通报会上称,在将近7个小时的骚乱中,共造成县委大楼、县政府办公大楼104间办公室被烧毁,县公安局办公大楼47间办公室、4间门面被烧毁,刑侦大楼14间办公室被砸坏,42台交通工具被毁,被抢走办公电脑数十台。骚乱共造成150余人受伤,大部分为轻微伤,无人员死亡。瓮安县政府办公大楼受损非常严重,已不能正常办公。三层楼高的县委大楼位于政府大楼的后面,建于上世纪50年代,砖木结构,经历这次事件后只剩下几堵光秃秃的墙体。

"瓮安事件"之后,瓮安县县委书记王勤、县长王海平被贵州省委和黔南州委免职。贵州省省委书记石宗源三次向百姓鞠躬道歉。这是一个真实的案例,当你读到这个故事的时候,心情肯定会很沉重。这个事实告诉我们,对社会和谐而言,千千万万个家庭情感是不可小看的力量。

平安是衣食住行无虞。人们生活离不开衣食住行,我们吃的安全吗?喝的干净吗?住的安心吗?出行放心吗?太原市漪汾苑是个拥有4000多户居民的老社区,老年人较为集中。许多空巢老人生活不便,有的腿脚不麻利连买菜也成了问题。社区负责人考虑,邻里帮助总有局限,不如社区负起责,他们在入户摸底后把300多名空巢老人按照需求分三类登记,谁需要代买菜,谁需要中午用餐,谁的身体最近不好,一目了然。针对问题,社区组建了6支、1000余人的党团志愿者队伍、老年青年志愿者队伍,其中,有专业医生、律师,也有社区、物业、家政工作人员,除平日上门探视外,老人们只要一个电话,十分钟之内就能得到送上门的无偿或低偿服务。菜有人买来了,医生上门服务了,家电来人修好了,老人们的后顾之忧解除了,"平安快乐"回到了身边。

平安是子女健康发展。孩子的健康成长,是家庭平安健康发展的前提。由于孩子们心智不成熟,经历贫困、挫折的能力还不强。许多贫困家庭的孩子往往胆怯、自卑,有的甚至埋怨家庭、待人冷漠、缺乏责任感。长此以往,对孩子成长和家庭发展极为不利。对一个家庭而言,预防问题的发生也是"平安和谐"的有力武器。在党委政府和工商部门的支持下,该区启动"光彩助学行动",民营企业家们为107名因家庭困难濒临失学的65名贫困中小学生捐款6万元,并给孩子们讲述了自己在艰难困境中坚持奋斗的经历。此后,企业家和孩子们书信往来不断,对孩子们生活、读书、医疗、节假日的"五了解"、"六必访"更是给了孩子们胜似亲人的关爱。南寒街道办事处康乐社区受助学生常帅说:"因为家里穷,亲戚们都不愿和我家来往,没想到还有这么多好心的叔叔、阿姨们帮助我,我觉得没有被社会遗弃。"免除了失学烦恼的孩子们,发现了生活的美好,对社会、他人有了认同、感激,自身健康发展的同时,也给家庭带来了"平安幸福",提高了家庭成员的幸福指数。

平安是维系家庭完整。维系家庭完整也是"平安"的一部分。在农村,土地、婚姻、邻里关系常常是影响家庭完整的重要因素。沁河镇有个70多岁的老太太,冒着雨早晨7时找李慧一"做主",李慧一立马向村委会了解情况,原来,老人脾气古怪,儿女不孝顺,还有房产纠葛,双方一见面就是动手。李慧一把老人和子女、村委会负责人叫到一起,把法律、道理讲了个清清楚楚,告诉一家人,要么去法院,要么协调解决,最后,全家人接受了李慧一的调解,儿子答应每月给老人赡养费,一家高高兴兴地回去了。赌博对家庭的危害不言而喻,轻者钱物尽失,重则家破人毁。在沁源县许多农村,男人在煤矿打工,女人在家带孩子,农事不忙时,便聚在一起小赌度日,县妇联主席李慧一以前从事政法工作,深知其中利害。她发动同事们广泛宣传赌博的危害,用血淋淋的事实警醒沉迷于赌博的姐妹们。遇到执迷不悟的,她上门讲道理:用亲人钻窑换来的钱赌博,本身就是对劳动和生命的不尊重、不珍惜,而且把自己也害得腰椎、颈椎都坏了,你要是不想家散就别玩了。这样的话,常常一语警醒梦中人。该县有个家庭,"大人趴在赌桌上,孩子扔在门外面",结果被拐卖。后来公安机关破了案,孩子找了回来。李慧一专门把这个案例写在了宣传页里,一方面告诉大家赌博的危害,同时,也告诫群众提高警惕、预防拐卖。由于妇联、公安、司法等互动联合、措施得力,近几年,沁源县拐卖案件发案率非常低,真正印证了"平安"的涵义。

家庭平安是一个古老的话题。可是,在许多人的潜意识里,并不明白家庭平安究竟是什么! 家庭平安到底是什么呢? 家庭平安是社会和谐的前提,家庭平安是幸福生活的保障!

3

防火防盗,保护家庭生命财产平安

自古以来,防火防盗就是一个关系到每一个家庭人身和财产安全的话题。在治安问题严峻的今天,生活中安全坚持预防为主的原则,强化群众防火防盗意识,切实做到警钟长鸣,常抓不懈才能保证安全。家庭安全是社会文明进步的重要标志,是经济社会发展的综合反映,是国泰民安的重要目标,是落实科学发展的重要实践,是构建和谐社会的有力保障。

黄河岸边有一片村庄,为了防止水患,农民们筑起了长堤。一天,有个老农偶尔发现蚂蚁窝一下子猛增了许多,老农心想:这些蚂蚁窝究竟会不会影响长堤的安全呢? 他要回村去报告,路上遇见了他的儿子。老农的儿子听后说:"那么坚固的长堤,还害怕几只小蚂蚁吗?"随即拉着老农一起下田了。当天晚上,风雨交加,黄河暴涨。咆哮的河水从蚂蚁窝始而渗透,继而喷射,终于冲决长堤,淹没了沿岸的大片村庄和田野。

这就是"千里之堤,溃于蚁穴"这一成语的来历。生活中的各种"小事情"其实就是安全长堤中的一个个蚁穴。无论做什么事情,万万不可忽视细节,否则就有可能付出极其惨痛的代价。就是在这样小得不能再小的细节之中,潜藏着"魔鬼",就在你疏忽之时,它会扼住你的"咽喉",最终让你"窒息而亡"。要记得那些无时不在的置人于死地的"魔鬼"就在生活的细节中,要时刻警惕。

生命,对于我们每一个人来说,只有一次,我们更要万分爱惜。但对安全一个不留意,就可能给家庭和子女带来巨大大的灾难和悲伤。这一幕幕人间悲剧的发作分析起来,不难看出,很多事故是完全能够防止的。因此,我们要"人人讲安全,时时讲安全,事事讲安全"。

2005年12月24日和25日,北京市接连发生两起校园火灾事故。24日上午9时30分,首都师范大学学生公寓6号楼219房间发生火情,系该校教育技术系学生吴某在宿舍内吸烟时,烟头点燃褥子所致。当天晚上,159中学4名高二学生聚在同学家过平安夜,次日凌晨发生火灾,造成两人死亡、一人轻伤。

生活中火灾事故发生的原因主要有:放火、电气、违章操作、用火不慎、玩火、吸烟、自燃、雷击以及其他因素如地震、风灾等引起。防火的基本措施有:

一、控制可燃物。用非燃或不燃材料代替易燃或可燃材料;采取局部通风或全部通风的方法,降低可燃气体、蒸气和粉尘的浓度;对能相互作用发生化学反应的物品分开存放。

二、隔绝助燃物。就是使可燃性气体、液体、固体不与空气、氧气或其他氧化剂等助燃物接触,即使有着火源作用,也因为没有助燃物参与而不致发生燃烧。

三、消除着火源。就是严格控制明火、电火及防止静电、雷击引起火灾。

四、阻止火势蔓延。就是防止火焰或火星等火源窜入有燃烧、爆炸危险的设备、管道或空间,或阻止火焰在设备和管道中扩展,或者把燃烧限制在一定范围不致向外延烧。

家庭安全除了小心火灾之外,还要防备盗贼。家居防盗涉及居住小区环境及居住条件、人员防盗意识的方方面面,总的来说,做好家居 防盗必须做好"三层防盗",即家居小区防盗、家居单元及个户防盗、家居室内防盗。生活中一些犯罪分子频频把魔爪伸向居民住宅、单位和商铺,进行入屋盗窃和抢劫。如何防盗防抢,成为市民们普遍关心的热点问题。根据调查,犯罪分子经常是"乘虚而入",选择容易下手、难被人发现的地方入屋盗窃作案。如果在盗窃过程中被人发现,他们就有可能铤而走险,施行抢劫、伤人、强奸乃至杀人。一天之中有两段时间是他们作案的"黄金时段":凌晨三四点钟和白天上班时间。犯罪分子入屋作案的手段通常不外乎以下几招:

黑招一:水渠煤气管道当云梯

现在城市许多住宅的水渠、煤气管装在户外,而且紧贴阳台、窗户安装,犯罪分子极易借助水渠、煤气管攀登入室作案。广州天河区公安分局曾破获一起高层住宅入室盗窃系列案,抓获窃贼欧阳连任。这位窃贼并非身怀绝技,只是利用安装在户外的煤气管攀爬入室,最高爬至21楼。他两个月内在黄埔大道西的红棉阁等高层住宅作案70多起,盗得10多万元的财物。被捕后他交代,高层住宅的煤气管都是紧挨着窗户安装,每层都有一条支管,既可当扶手又能作蹬踏点,爬上楼方便得很。

黑招二:攀爬防盗网如履平地

每家每户安防盗网是西安一景,但安装不规范的防盗网中看不中用,窃贼常常利用凸出的防盗网爬上爬下作案。据调查,在我们西安绝大部分后半夜发生的盗窃案件有两种形式:一是撬开防盗网入室行窃;二是利用防盗网爬上去,钻入高层的住户作案。不规范的安装,虽然保护了自己,但损害了别人,防盗网不防盗反而"助"盗。

黑招三:趁你不在撬门入室

这是犯罪分子白天作案的惯用手段。早期的防盗门只有几颗螺丝固定门框,实际上根本经不起撬杠的力度,一分钟就搞定。近期防盗门在结构及强度方面有很大的改进,但随着微型气割工具的诞生,在我国已经多次发现利用该工具进入室内行窃的案例。

黑招四:楼顶拴绳"荡秋千"

在著名的"陈旭然命案"中,罪犯丁国礼就是利用消防水管从33楼天台滑下31楼作案。在此之前,广州市也发生过多宗类似手段的入室盗窃案。东风路某高档住宅小区内发生抢劫强奸案。歹徒在凌晨时分用绳子从楼顶滑入一户住宅内作案,被独居在家中的女事主发现。歹徒遂将事主捆绑强奸并掠去财物。这种作案手法比较隐蔽,因为大家都认为无人敢从楼顶自上而下作案,因此对楼顶天台没有作任何防范和巡查,结果越是安全的地方越不安全。

黑招五:花言巧语骗你开门

在很多城市,发现歹徒窜至居民住宅楼,将安装在屋外的电闸拉掉,然后乘住户开门察看之机冲入屋内抢劫的系列案。此外,一些歹徒利用事主登广告出租房屋之机,假称上门看房,实施抢劫。还有的伪装成水电修理工,骗开门抢劫。近年来多次发生犯罪分子伪装成居民孩子或亲戚的朋友,混入室内进行诈骗等活动。

黑招六:开锁"神功"百发百中

据了解,现在很多城市陆续发现犯罪分子掌握了开锁技术并入室行窃,如广州一个叫凌伟权的犯罪分子自称"广州锁王",用自配钥匙能在极短时间打开各种类型的锁。一年内该犯罪团伙入屋盗窃达 200 多宗,盗得价值 1000 多万元财物。

黑招七:自制扳手撬铁窗

现在的防盗网大多是用钢筋或方槽铁焊成,密度稍疏,正好给扳手提供一个很好的夹口,加上烧焊的焊点一般都只有一点点,经不起一扳,近几年发现小偷自制了一些形似扳手类的叉型工具,不用 2 分钟,就可以将防盗网扳出一个较大的缝隙或大洞,钻入室内行窃。

黑招八:尾随抢劫

一入屋盗窃团伙,尾随一个户主入楼,当户主用钥匙开门时,这伙人用凶器相逼,强行进入屋里进行抢劫活动。这类案件在近几年人们对居室的防范措施加强后,犯罪分子入室不易而采取的走极端的手段。所以平时多留意一起进入电梯楼梯的尾随人群,可以避免灾害。

黑招九:犯罪分子也"防身"

从一些入屋盗窃现场分析,犯罪分子夜晚进入室内大多由厨房窗户进入,往往顺手将厨房的刀具拿在手中行窃。其主要用意是给自己"壮胆"和"防身",但这样反而给住户的人身安全造成了很大的隐患,一旦犯罪分子作案时住户清醒或发现,罪犯很容易走极端造成住户人员的伤亡。

随着科技的发展,盗窃分子行窃手段也在不断提高之中,单靠加强铁门、铁闸等传统防盗措施已经远远不足以保护家居安全了。世上并没有破坏不了的门,更不存在破坏不了的锁。如使用便携式气割机可轻易地气割任何材质、任何结构的钢门铁锁了,真可谓道高一尺,魔高一丈。

在创建"五好文明家庭"活动中,做好家居人员在防盗必须在日常生活中自觉做到:第一,积极配合小区保安管理人员的管理同时自觉爱护小区内的各种防盗设施,出入公共防盗门要随手关门,不要将公共防盗门的钥匙借朋友和不随便为不认识的人开启防盗门。第二,家居的各个门、窗、排气口、空调口要经常检查,窗、门损坏要及时更换,出入家门随手关锁门,门锁损坏或钥匙有遗失要及时更换。门框门体除美观外,主要是要注意是否坚固,门缝是密封,固定锁体锁扣部位的门体、门框是否牢固、结实。第三,室内防盗必须做到不要在家中存放日常需用的各种现金,不要在家中随意设置保险柜,室内房门、柜门外出要上锁,如有室内防盗报警系统,人离开时要及时打开,使其工作,平时要及时检查报警电池及工作情况,随时让其能正常工作。总之,家居防盗意识必须由广大群众共同来加强。

4

科学卫生,保障家庭饮食安全

在变幻莫测的现代生活中,安全才是最大的幸福。如果把幸福比做一个圆,那安全就是这个圆的半径。半径越小,圆就越小,没有了半径也就没有了圆。如果说幸福是一首美妙的乐曲,那安全就是这首乐曲中的音符。音符不全就会走调,没有了音符,乐曲也就荡然无存。

2008年6月28日,位于兰州市的解放军第一医院收治了首例患肾结石病症的婴幼儿。据家长们反映,孩子从出生起就一直食用河北石家庄三鹿集团生产的三鹿牌婴幼儿奶粉。7月中旬,甘肃省卫生厅接到医院婴儿泌尿结石病例报告后,随即展开了调查,并报告卫生部。随后短短两个多月,该医院收治的患婴人数就迅速增加到14名。9月11日,除甘肃省外,陕西、宁夏、湖南、湖北、山东、安徽、江西、江苏等地都有类似案例发生。9月11日晚,石家庄三鹿集团股份有限公司发布产品召回声明,称公司经自检发现2008年8月6日前出厂的部分批次三鹿牌婴幼儿奶粉受到三聚氰胺污染,市场上大约有700吨。三鹿集团公司决定立即全部召回2008年8月6日以前生产的三鹿牌婴幼儿奶粉。9月13日,党中央、国务院对严肃处理三鹿牌婴幼儿奶粉事件作出部署,立即启动国家重大食品安全事故Ⅰ级响应,并成立应急处置领导小组。9月13日,卫生部党组书记高强在三鹿牌婴幼儿配方奶粉重大安全事故情况发布会上指出,三鹿牌婴幼儿配方奶粉事故是一起重大食品安全事故。三鹿牌部分批次奶粉中含有的三聚氰胺,是不法分子为增加原料奶或奶粉的蛋白含量而人为加入的。

"三鹿毒奶粉事件"曝光后,温总理严厉指责某些食品企业丧失责任感,罔顾人民生命健康;国务院更是以取消所有食品企业免检资格等措施,对中国整个食品行业进行整治。中国开展了一场有史以来最大规模或者说最为严厉的食品检验制度。随后,瘦肉精、毒豆芽、染色馒头……食品安全问题接连被媒体曝光,老百姓越来越没有安全感。民以食为天,食以安为先。食品安全对老百姓而言是天大的事,也是最基本的需求。

我国绝大多数居民的一日三餐吃在家中,但是,在家庭饮食中发生食物中毒事件的也不在少数,因此确保家庭的饮食安全很重要。为了保证家人的健康,一定要注意食品安全。为了做到这一点,家庭营养师提出了食品安全健康自助法,即在为家人准备食物时要做到"净、透、分、消、密"这5个字。

1.净

从市场买回的蔬菜,先要浸泡一段时间(一般为20~30分钟),然后冲洗干净,这样就可以去除蔬菜中一部分残留的农药。其中,果菜和根菜浸泡和冲洗的时间可以少一些,叶菜浸泡和冲洗的时间应当长一些。需要削皮的蔬菜一定要将皮削去。另外,为了减少维生素的流失,蔬菜应当先洗后切。

2.透

食物的加热一定要到火候,也就是一定要把食物做熟,不能盲目追求鲜、嫩。只要食物做熟了,食物中的病原菌和寄生虫与卵等就会死去。尽量不吃生海鲜,不吃涮得不透的肉以及未洗干净的生菜等,避免将附着在上面的病原菌和寄生虫与卵等吃进体内。

3.分

做菜时一定要生熟分开。切熟食时要用专用的、清洁的刀和案板。冰箱不是保险箱,熟食不能存放过久。病人的餐具应严格消毒,病人和健康人的餐具应当分开放置。家中的有毒物品如杀虫剂、灭鼠药等,标志一定要明显,并且不能与食品混放在一起。

4.消

消就是消毒。开水煮沸是最简单、最经济的消毒方法。餐具经过清洗可以去除大部分微生物,如果煮沸几分钟则效果会更好。

5.密

密就是封闭存放。由于室内温度高,即使冬天的室温一般也都在摄氏十几度以上,由于细菌大量繁殖,暴露在外的剩饭、剩菜很容易腐败变质。因此,剩饭、剩菜一定要及时放到冰箱或冷凉的地方,并且不宜存放过久。

近年来,虽然食品科技在不断进步,但食品安全事故也频频见诸报端。从"问题奶粉"到"苏丹红"风波,从劣质火腿肠到人造假鸡蛋,不一而足;不少餐馆饭店的后厨污秽不堪,这都给食品安全埋下了隐患,严重威胁到广大消费者的健康。在创建"五好文明家庭"活动中,及时了解问题食品的动态情况,了解常见食品的卫生安全知识。掌握主要的鉴别手段。擦亮眼睛,提高自身的辨识能力才是最实际,也是至关重要的。

5

预防家庭犯罪,防腐助廉严守法纪

我国自古就有家国之说,所谓"欲治其国者,先齐其家"。但是,随着社会的不断发展,人们的思想空前活跃,家庭成员思想意识和文化需求呈现出多样性和复杂性,同时,社会的变革给家庭领域带来了一些前所未有的现实问题,一些家庭出现了价值观念扭曲、道德行为失范等问题。面对生活中的各种诱惑,要时刻牢记,领导干部手中的权力都是党和人民赋予的,不是为家庭谋私利的工具。在对待金钱物质利益上,要知足常乐,树立起正确的金钱观和利益观,克服患得患失的攀比心理,做到分外之物不收,不义之财不取,不仁之事不为,不法之事不干。因此,手中掌握一定权利的领导干部家庭,家庭"廉洁"建设更是构建"五好文明家庭"的一个重要基石。

在当今的市场经济条件下,在复杂的社会环境面前,在现实的社会中太多的诱惑,每个人都很容易失去自我,特别是领导干部这个特殊的职业。因此,我们要坚持"警钟长鸣",做到常怀为民之心,常思贪欲之害,常除非分之想。在日常工作生活中不搞特殊化,在物质享受方面不与他人攀比,要当好反腐倡廉的"守门员"。要把家庭建设成抵制腐败的"第一道防线",通过分析典型案例、播放警示教育专题片、开展谈心活动等,提高领导干部配偶子女的廉洁意识、法律意识和自警意识,大力营造以廉为荣、以贪为耻的家庭氛围和社会氛围。

安徽芜湖市鸠江区四褐山街道妇联充分发挥联系妇女、联系家庭的组织优势,立足实际,在街道广大家庭中,特别是在副科级以上领导干部家庭中、在社区(村)干部家庭中广泛开展了以筑牢拒腐防变的家庭防线为目标,以提高家庭成员反腐倡廉意识和能力为重点,以"家庭廉洁促和谐"为主题,以开展形式多样的家庭助廉教育活动为载体的"廉政文化进家庭"工作,引导广大家庭切实发挥亲情监督作用,营造了反腐倡廉的良好家庭氛围和社会环境。

一、加强领导,建立健全廉政文化进家庭工作机制。一是健全组织,落实责任。推进廉政文化进家庭,加强组织领导是前提基础。街道成立了廉政文化进家庭工作领导小组,办公室设在街道妇联,街道妇联负责组织牵头,街道、社区妇联组织专人负责,做到妇联主席亲自抓工作部署,街道分管领导组织协调、督查指导,形成一级抓一级,层层抓落实的工作机制。同时主动联合街道纪检、宣传、文明办等部门共同开展廉政文化进家庭工作,打造良好工作平台。二是确保廉政文化进家庭工作有计划、有措施、有方法、有目标,便于检查,易于操作。并紧密结合妇女工作,实现"五纳入",即:纳入妇联工作的重要议事日程,纳入妇女思想政治工作的重要内容,纳入"五好文明家庭"创建活动的总体安排,纳入街道妇联年度考评,形成职责明确、上下联动、落实得力的工作格局。三是要求妇女干部和巾帼志愿者要当好宣传员、战斗员,采取多种形式营造家庭廉政文化建设的舆论氛围;当好监督员、信息员,及时收集反馈家庭廉政文化建设活动中涌现出的典型家庭和事迹等。

二、加大宣传,努力营造反腐倡廉的氛围。为了充分发挥宣传教育在"家庭助廉"活动中的导向和警示作用,营造崇廉尚洁的浓郁氛围,街道妇联把廉洁宣传作为创建和谐家庭的一项重要内容,不断创新载体,拓宽领域,通过各种途径加大宣传力度,把廉洁之风吹到社会的各个层面。一是发放倡议书,向街道党员干部发出"家庭助廉"的倡议;二是举办家庭助廉知识讲座、演讲比赛、观看警示教育片等活动;三是签订"家庭助廉"承诺书,在街道、社区发动党员干部家属签订"家庭助廉"承诺书;四是制作"廉政文化进家庭"图片展,在街道、社区制作廉政文化长廊、橱窗,形象、全面地展示出近年来街道"廉政文化进家庭"活动内容;五是街道、各社区充分利用橱窗、板报、标语等大力宣传;六是组织廉政歌曲大家唱活动,街道、社区利用广场晚会、编排文艺节目、编发廉政短信息等多种形式宣传防腐倡廉。

三、突出重点,确保特殊群体教育收到实效。党员干部特别是领导干部家庭是家庭助廉教育的重点群体。街道、社区通过对干部家庭这一家庭助廉教育的重点群体,实施"五项教育"通过确保教育实效。一是组织领导干部及家庭成员上廉政教育课。在每年"元旦"、"春节"期间组织召开廉政教育讲座,希望各级领导干部牢固树立正确的权力观,带头廉洁自律,全面开展好"家庭助廉"活动。二是组织全体机关干部观看党风廉政警示教育片,如观看了《党员纪律处分条例》、《两个条例》、《党课一小时》系列片及《反腐倡廉》、《永远的先锋战士》、《任长霞》和《牛玉儒》、《公仆》等电视片,使党员干部从形象生动的正面人物身上接受教育,教育广大党员干部筑牢思想道德法纪防线。三是召开反腐倡廉座谈会,请领导干部及其家庭成员谈认识、谈感受、谈体会,增强争当廉洁家庭、树立良好家风的主动性。家属们纷纷表示要当好家庭纪检监察员,积极配合好爱人完成党工委布置的各项任务,用亲情引导干部珍惜荣誉、珍惜岗位,珍爱自己和睦幸福的家庭。四是开展给领导干部家庭(街道、社区)一封信活动,给他们一封信予以提醒和寄语。五是制作印有家庭助廉格言警句的购物袋,在街道机关、社区干部中发放。通过在开展一系列家庭助廉活动,进一步增强了领导干部家属们的责任感,自觉当好"宣传员"、"守门员"、"监督员"、"导廉员",帮助各级领导干部算好政治、经济、家庭、人身四笔账,形成互动参与的倡廉氛围。

四、拓宽层面,做到"廉政文化进家庭"四个结合。为使廉政文化逐渐深入广大家庭,我们从四个方面结合妇联工作,推进"廉政文化进家庭"。一是与评先评优工作相结合。在开展评选表彰"三八"红旗集体、"三八"红旗手和创建"五好文明家庭"、"平安家庭"活动中,把自身廉政和家庭廉洁作为评先评优的重要条件,使创先活动成为宣传家庭反腐倡廉的重要阵地。二是与实施女性素质工程相结合,将廉政教育纳入女干部培训班的课程,增强女干部忧患意识、公仆意识、节俭意识,提高勤政廉政自觉性。三是与家庭教育相结合。不断丰富和拓展"争做合格家长,培养合格人才"活动,教育家长以德育人,为国教子,用一身正气为子女树立廉洁的榜样。四是与社区文化建设相结合。在社区家庭中广泛开展评比廉洁家庭活动,并进行大力宣传,发挥典型的模范带头作用。

"历览前贤国与家,成由勤俭破由奢"。古今中外,因廉而兴,因腐而败,可谓规律。家庭作为组成社会细胞和缩影,它不仅仅是拒腐防变的一道防线,更是预防和抵制腐败的重要阵地。作为家庭主要成员的父母、配偶和子女都必须承担起责任,扮演好家庭助廉的角色,构筑起牢固的家庭拒腐防线。中国有句古语"妻贤夫祸少",说的就是家有贤惠妻子,不仅一个家庭和谐,而且丈夫也会少是非、多成就。作为一个有良知、有责任心的配偶,要自觉肩负起反腐倡廉的使命。要知法,不越"线"撞"灯"。作为贤内助,要知晓有关政策法规对腐败行为的界定,清楚什么事能干、什么事不能干,帮助配偶树立牢固的法制观念,增强遵纪守法的自觉性,筑牢法纪防线,从而不撞腐败"红灯",远离腐败"高压线"。

创建"五好文明家庭",子女也要积极发挥作用,主动协助父母把好廉洁关。要明道理,把自己当成千百万普通家庭的孩子一样,对权力有一个正确的认识,懂得权力是为人民服务的,不是为亲戚、为家人谋利益的。要思危害,腐败者实施腐败行为的过程也是对家庭伤害的过程,它会影响家庭和睦、破坏婚姻稳定、对子女产生负面影响,导致家庭破裂和面临巨大的社会压力等。所以,要清醒地认识到腐败不仅是社会发展的"癌症",也是威胁家庭幸福安宁的大敌。要学独立,作为子女要走自己的路,不要依赖父母,从小就要养成平等、公平的意识,自立、自强和拼搏向上的精神品格,经过自己不懈地努力获得成功。要作表率,不用父母的影响和权力去做交易,积极主动地协助父母把好"廉洁关",用自己的良好行为影响父母,帮他们进一步加固廉洁观念,不给不法之徒可乘之机。

家庭对人生的影响始于一砖一瓦,却可能决定一生一世。通过"五好文明家庭"创建,构筑良好的家庭生长环境,引导家庭成员弃恶扬善,是家庭成员的彼此需要。只有每个家庭成员都珍视操守、珍爱家庭、珍重人生,才能真正实现家庭助廉的价值取向。出门前的一语叮咛,共寝时的一席促膝……这就是家庭助廉对亲人最温馨的关怀和最深情的祝福。

6

杜绝家庭暴力,坚决保护家庭成员的合法权益

家庭暴力,是指发生在家庭成员之间的,以殴打、捆绑、禁闭、残害或者其他手段对家庭成员从身体、精神、性等方面进行伤害和摧残的行为。家庭暴力直接作用于受害者身体,使受害者身体上或精神上感到痛苦,损害其身体健康和人格尊严。家庭暴力发生于有血缘、婚姻、收养关系生活在一起的家庭成员间,如丈夫对妻子、父母对子女、成年子女对父母等,妇女和儿童是家庭暴力的主要受害者,有些中老年人、男性和残疾人也会成为家庭暴力的受害者。

家暴表现形式多样:肉体损伤(占 21%～34%),性攻击(占 34%～

59%),精神情感上的折磨(如伤害的威胁,恫吓威胁,使之极度嫉妒,对其剥夺占有,对其进行躯体上或社会上的隔离、孤立等)。对受害者来说,多种暴力形式常合并出现,且反复发生,越演越重。施虐者对受害者进行肉体上的攻击可表现为:用武器袭击或打击,殴打,用拳或物击打,用拳猛击,打烂,踢,烧,掌掴,用武器(刀、枪)危胁等,合并出现,且反复发生,越演越重。家庭暴力会造成死亡、重伤、轻伤、身体疼痛或精神痛苦。

2005年,北京市海淀区检察院对海淀区、丰台区、顺义区和朝阳区看守所当年5月10日至6月10日期间在押的全部女性犯罪嫌疑人进行调查发现,捕前她们遭受过家庭暴力的比率是35.7%。尽管引起暴力的因素很多,但心理和生理因素起着极为重要的作用,比如男性的生理因素导致的性暴力。可以说,家庭暴力的实施者至少在当时就存在心理障碍和品德问题。有许多精神障碍和生理因素是诱发暴力的重要因素。

家庭暴力日益受到世界各国的关注和重视。有关调查显示,世界范围内至少有三分之一的妇女在其一生中遭受过暴力、性虐待和虐待,而大多数施暴者是她的家庭成员。家庭暴力是对妇女人权和基本自由的侵犯,它不仅会造成婚姻解体、家庭破裂,还严重摧残着妇女的身心健康。家庭暴力如果得不到及时有效的遏制,往往会逐步升级,演变为恶性事件,同时引发众多的民事案件和刑事案件,影响社会的安宁与稳定。

立法是我国反家暴的"杀手锏"。但反家暴法不是宣示婚姻家庭中的权利义务及妇女儿童的权利,而是对实时发生中的家庭暴力予以制止,保护家庭中的弱者。家庭暴力不是简单的法律问题,而是跨法律、伦理、心理、人文等诸多学科的社会问题,该问题的解决不是任何一个机构能单独完成的,需要司法、卫生、民政等政府部门,妇联、社区、媒体等多种机构共同参与。

2008年8月6日,我国第一道"人身保护令",由江苏省无锡市崇安区法院根据受害人陈某的申请签发。该裁定禁止作为丈夫的被申请人许某殴打、威胁妻子陈某,首次在民事诉讼中将人身安全司法保护的触角延伸至家庭内部和案件开庭审理前。2008年9月24日,湖南省长沙市岳麓区法院发出"人身保护

令",并向当地公安机关发出协助执行通知书,要求警方监督被
告丈夫华阳(化名),一旦发现其威胁、殴打原告妻子张丽芳(化
名),要采取紧急措施,保护张丽芳人身安全。该裁定得到当地
公安机关的积极配合。

从公安机关拟将家庭暴力案件单列处理的动议,到全国妇联等九个
部委推出的《关于预防和制止家庭暴力的若干意见》,再到湖南、四川、宁
夏等相继出台《关于预防和制止家庭暴力的决议》。对于反家暴,政府、专
家做了很多,立法、成立反家暴机构等也搞得热火朝天。然而,家暴并没
有因此而销声匿迹,反而呈现更多态势和新的趋向。

专家们指出,家庭暴力由于发生在家庭内部,其危害性和严重性往往
得不到足够的重视。消除家庭暴力需要全社会的关注和努力,是一个国
家应负的责任。他们呼吁各国政府切实履行承诺,与社会团体、人权保护
者及有关专家合作,向受害者提供保护和支持,并加强相关的宣传教育,
通过各种机制来保障妇女的权益。

7

无病早防有病早治,健康就是最大的平安

所谓健康,包括个人健康、家庭健康和社会健康,其中最重要的是家
庭健康。因为家庭健康承上启下、关系重大。家庭健康不仅是个人身心
安宁、事业成功、生活幸福的源泉,而且还是社会健康的基石和保证。家
庭是社会的细胞,只有家庭健康了,社会才能健康;家庭幸福了社会才能
幸福;家庭安定了,社会才能稳定。

人体健康由内因和外因共同决定,家庭健康也有内因和外因。人体

的内因是父母遗传的基因,家庭的内因是婚姻前的恋爱择偶;人体的外因是健康生活方式的四大基石,家庭的外因是双方的相濡以沫、共同细心呵护。总体说来,人体健康的60%掌握在自己手中,而家庭健康几乎全部都是掌握在自己手里的,自己就是家庭健康的主人。

人的健康分三个层次,生理、心理和心灵,也就是说,人的健康最高境界是心灵健康,而要能达到心灵健康这一层次,单靠个人修行是不够的,要强调整体的相辅相成。只有全家都协同作战,才能事半功倍。所以说,在个人健康的基础上,家庭健康才是我们最应该关注的,即我们的目标应该锁定在家庭的健康与和谐。如今的社会应该是以人为本、健康的社会。健康是大健康。家庭的健康不光是个体的健康,还有家庭关系的健康,包括夫妻之间、孩子和父母之间的关系,这是很大的课题。

健康是生命的源泉,健康是事业的先决条件,是工作的原动力,更是幸福快乐的基础,是一切财富的统帅。没有健康,一切都是空的。健康不仅属于个人,也属于家庭、属于社会,是人类创造财富的基本生产力。有健康才有梦想,有健康才有能力去实现梦想,有健康才能尽情享受梦想实现的幸福,有健康才能让幸福一直陪伴。

生命对于我们只有一次,健康的身躯才是幸福生活的基础,我们的身体既没有备品,也没有备件。我们的摩托车链条断了,可以花钱买一个换上,车身剐花了,可以找维修的地方重新上点漆。但是如果有一天某个人脑袋被车碾烂了,你能找大夫给你换个新的吗?胳膊被高温烧变了形,能买个新的换上吗?

"身体是革命的本钱",健康对一个人是非常重要的。没有健康,就谈不上快乐与幸福。健康是福,健康是财富,是毋庸置疑的。生命不存在,谈何人生?健康不存在,谈何奋斗?健康是生命力的主要源泉,健康是成就事业的先决条件,是工作的原动力,是生活快乐的基础,于社会、家庭、个人都至关重要。因为缺乏身体的条件而不能实现梦想,乃是一生中最痛苦的憾事。如果健康永远地离你而去,就会觉得整个世界都是没有意义的,都是令人难以忍受的。这就是健康的力量!

健康,是人生最重要的资本。因为其他的一切都建立在健康之上。有了健康,你才不用忍受疾病的折磨;有了健康,你才能专注于事业;有了健康,你才有可能去享受人类创造的所有物质文明与精神文明。健康的身体是幸福之本,也是成功之本。可是,在现实生活中,有的人不重视健康,以牺牲健康为代价去赚钱敛财,这实在是一种"短视"的行为。有的人年轻时拼命用健康去换取金钱,年老时却又期望用金钱买回健康,这是做不到的。一个人若不为健康投入必要的时间,他就不可能享受时间的慷慨赐予。人的生命只有一次,真是"生命诚可贵"。不要以为在现如今的经济社会里,有权有钱你就可以为所欲为,即便你有再多的钞票,你也买不来健康。

人的健康就好比一棵大树,树根牢固了枝叶才能繁茂。人也是这样,只有身体健康了才能够做一切事情,病快快的身体能做什么呢?所以健康当然很重要,是最大的财富了。一张一弛,文武之道。除每日工作、家务劳动、吃饭睡觉之外,一个人总还有一部分闲暇时间。据调查,在我国目前条件下,一般城市居民平均每天有三四个小时的时间可以自有支配。在实行"双休日"之后,人们的闲暇时间更为充裕。因此,如何科学利用闲暇时间,使个人生活更充实更有意义,的确是个不可忽视的问题,而且越来越显得重要。

健康、清新的业余生活方式,应该是善的张扬,恶的遏制,既有利于人们向理想追求,又不损伤他人与社会的利益。如对"家庭麻将桌"进行节制,成人不聚赌,未成年孩子不允许他们玩赌博游戏机等。业余生活,特别是家庭业余生活,如果能在文明性的基础上增添一些知识性,就更有利于家庭成员智慧的增长,知识的更新和技能的提高,有利于工作和学习,较之为娱乐而娱乐更有意义。这就要求每个公民在安排业余生活时要自觉抵制那些浸透着低级趣味的、粗制滥造的、诲淫诲盗文化垃圾的影响,坚决不从事那些有损于个人身心健康、贻误子女,危害社会的活动。

8

全力打造平安家庭,建设平安和谐社会

打造平安家庭是新形势下社会治安综合治理的新举措。党中央、国务院对打造平安家庭工作高度重视。中共中央办公厅、国务院办公厅曾转发《中央政法委员会、中央社会治安综合治理委员会关于深入开展平安建设的意见》。这是新形势下开展平安建设、加强社会治安综合治理的一份纲领性文件。正如文件指出,平安建设是构建社会主义和谐社会、促进经济社会协调发展的保障工程,是维护广大人民群众根本利益、为人民群众所期盼的民心工程,是提高党的执政能力、巩固党的执政地位的基础工程。

近几年的实践表明,打造平安家庭适应了建设社会主义和谐社会的要求,体现了科学发展的客观需要,反映了人民群众的殷切期盼,进一步发挥了社会治安综合治理的优势,既是构建社会主义和谐社会的重要内容和目标,又是构建社会主义和谐社会的重要保障。家庭是社会的细胞,家庭平安了,社会才能平安,才能和谐!打造平安家庭的标准有以下几点:

1.学法懂法不违法,创守法之家。热爱祖国,遵守国家法律、法规,计划生育,廉洁之家,家庭成员中无违法犯罪行为。

2.男女平等互尊重,创和谐之家。注重保护妇女儿童合法权益,不歧视儿童,善待家人,和睦相处,实现"家庭零暴力"。尊老爱幼,自觉赡养老人,孝敬长辈,强化子女道德教育,形成良好的家风。

3.热爱学习,提高素质,创学习之家。具备较好的学习条件,形成浓厚的学习氛围,家庭成员养成良好的学习习惯,学有所获,学有所成,学有所用。

4.自我防范讲安全,创安全之家。熟知防火、防盗、防抢、防爆、防交通事故等各类知识,增强防范意识,提高自我防范能力,加强防范措施,避免发生各类事故,确保自身及公共安全。

5.崇尚科学树新风,创文明之家。崇尚科学,反对邪教和迷信,远离"黄、赌、毒"。破除陈规陋习,提倡婚事新办、丧事简办、厚养薄葬。

6.勤劳致富讲奉献,创富裕之家。靠科技、靠勤劳、靠智慧、靠诚信发家致富。热心公益事业,致富思源,回报社会。

7.保护环境重环保,创绿色之家。积极参与植树造林、栽种花草、治理环境等环境性公益活动,把爱护环境、保护生态环境、创造优美环境作为家庭生活的重要组成部分,为环境友好型社会建设作贡献。

8.提倡节约惜资源,创节俭之家。从节约"一滴水、一度电、一张纸、一粒米"开始,树立节约意识,倡导节约文化,反对铺张浪费。积极参与各类资源节约活动,为创建节约型城市、节约型社区做出突出贡献。

9.讲究卫生抓保健,创健康之家。家庭成员积极参与饮水干净、街道干净、庭院干净、居宅干净的"四净"生态活动和爱国卫生活动,加强体育锻炼,预防传染性疾病,提高健康保健水平。

家庭平安是社会稳定的基础和前提,是新形势下社会治安管理工作的重要载体,也是动员千家万户参与维护社会稳定、构建和谐社会的有效途径。服务群众、面向家庭,是平安家庭建设工作的根本宗旨;与时俱进、大胆创新,是平安家庭建设工作持续发展的根本途径;构建社会化的工作格局,是全面推进平安家庭建设活动的根本保证。

营造浓厚的舆论氛围,增强群众的平安意识,是创建"平安家庭"的着眼点。惠及千家万户、有针对性帮扶是"平安家庭"建设的侧重点。促进家庭整体素质提高是"平安家庭"创建的支撑点。树立先进典型、增强示范带动是创建"平安家庭"的突破点。联合各部门参与、优化资源、合力推进,是创建"平安家庭"的着力点。

"家庭平安让我乐开花",这是李仲荣老师每次提起平安家庭创建活动,笑逐颜开说的第一句话。李老师是湖北省宜昌市雷锋中学的一名教师。2007年7月,李老师家被评为湖北省"平安家庭示范户"。"参与平安家庭创建,要归功于社区的宣传"李老师回忆,他第一次听到"平安家庭"这个词,是在2005年9月。

那天中午,李老师下班回到金家台社区,还没到家,就被小区门口一张鲜红的海报吸引了:"家庭是社会的细胞,家庭平安是社会平安的基石,家庭和谐是社会和谐的基础……"原来,是社区正在开展创建平安家庭宣传活动。

当时的背景是,2005年7月,全国妇联会同中央综治办、公安部、司法部、财政部、共青团中央、国家质检总局、国家广电总局,联合推出了"平安家庭"创建活动。这一活动旨在通过传播平安理念,增强家庭安全防范、懂法守法等意识,使家庭更加安全健康、和睦美满,形成家庭平安与社会平安的良性互动。

"平安家庭"创建活动,迅速得到各地的广泛支持和响应。不到两个月,李老师就在家门口看到了这一活动的宣传海报。

此后,连续三天中午,李老师下班回家都会在社区门口看到平安家庭宣传的横幅,看到社区工作人员在分发倡议书,讲解申报条件,进行登记摸底。

前几年,因为工作调动,李老师和爱人、孩子搬到了岳父母家居住,一同来的还有他年迈的母亲。六口之家让七十平方米的房子一下子拥挤起来。一家人常有些小矛盾。

看到平安家庭的宣传后,李老师在家里召开了家庭会议,郑重地把争创平安家庭的事情向家人进行了通报。在家人的积极响应下,第二天一大早,李老师就把申请送到了社区。

针对家里的矛盾,李老师再次召开家庭会,商定分灶吃饭解决口味问题,调整生物钟解决洗漱问题,家庭静音解决干扰问题。他们夫妻俩经常说的一句话就是:"一大家人相处是缘分,应该珍惜。"

他们给老人房间装了空调、买了彩电,给他们买来手机,还实施一年近游、三年远游的计划。为了不让老人孤独,他们星期天一起聚餐,给老人读健康报,定期给老人体检。

很快,平安家庭的效果在李老师家显现:过去的矛盾化解了,全家人和和睦睦,其乐融融。

变化同时在李老师家的社区内发生。

李老师所住的小区人员杂。自从社区开展平安家庭创建活动后,声势浩大的平安家庭颁奖大会、图文并茂的宣传展板、贴近百姓的社区杂志、生动有趣的文艺表演等创建形式,让每个家庭变得充实起来。左邻右舍利用在院子里晒太阳、聊天的机会增加交流,社区老人也争先恐后地为小区做点力所能及的事情,打扫公共楼梯、帮邻居带小孩、送报纸,大家的感情慢慢变得融洽多了。整个大院渐渐少了吵闹声,麻将馆关门了,跳舞移到公园了,杂物都进储藏室了,独居的老人被儿女主动接回来了……

如今的金家台社区,干群关系和谐,环境干净整洁,居民心情舒畅。

构建社会主义和谐社会是新时期新阶段党中央为促进经济社会全面发展所作出的一项重大战略决策。家庭作为整个社会的基础和细胞,是精神文明建设的重要领域,是平安社会的坚固防线,更是社会和谐的根本所在。每个家庭的平安幸福组合起来就是社会的稳定和谐。幸福的家庭几乎相似,不幸的家庭各有各的不幸。如果每个不幸的家庭都"平安",那么,社会平安和谐的总体目标将为时不远。

第八章 抓好"五好文明家庭"评选和表彰,推动创建活动深入开展

"五好文明家庭"创建活动是推动家庭美德建设与和谐家庭建设的重要载体,因而要持续推动"五好文明家庭"活动,不仅要抓好创建工作,更要抓好评选和表彰工作,以激发更多的家庭参与其中。并不断适应新形势,提出新任务、新要求,与时俱进,不断创新,采取多种形式,使之永葆朝气和活力,推动"五好文明家庭"创建活动的深入发展和持续改进。

1

明确"五好文明家庭"评选标准

　　创建"五好文明家庭"活动必须要结合经济社会发展的实际,结合广大人民群众的实际需求,不断探索新规律、把握新特点、开拓新思路、创建新机制,进一步突出重点,注重实效,打造品牌,更好地发挥"五好文明家庭"创建活动的影响力、感召力。开展"五好文明家庭"创建活动要以科学发展观为指导,以建设学习型家庭,提高家庭成员素质为目标,以思想道德建设为重点,通过创建、评选、表彰,广泛吸纳社会成员参与,以家庭的平等文明、和睦稳定,促进社会的文明进步和安定团结,为我国经济社会发展发挥基础作用。

　　五好文明家庭评选标准为:

　　1. 爱国守法,热心公益好

　　热爱祖国,拥护中国共产党的领导,树立正确的世界观、人生观、价值观,严格遵守各项法律法规和规章制度,热心社会公益事业,扶贫济困,弘扬社会公德。

　　2. 学习进取,爱岗敬业好

　　认真学习政治理论、政策方针、法律知识,刻苦钻研科学文化技术,熟练掌握劳动技能,有强烈的敬业精神,严格遵守职业道德,提高工作质量和服务水平,岗位建功,岗位成才。

　　3. 男女平等,尊老爱幼好

　　建立平等、民主、和睦、友爱的家庭关系,夫妻双方互敬互爱、互信互勉、互谅互让、互帮互慰；尊敬长辈，爱护儿童，维护未成年人的合法权益；邻里之间团结互助，和睦相处。

4.移风易俗，少生优育好

建立文明、健康、科学的生活方式，反对封建迷信，破除陈规陋习，提倡婚事新办、丧事简办、厚养薄葬；严格遵守国家计划生育政策，树立正确的生育观和教子观，做到晚婚、晚育、优生、优育、优教，用科学的育儿方法教育子女，为孩子健康成长创造良好的家庭环境。

5.勤俭持家，保护环境好

提倡勤劳致富、勤俭节约、合理消费、科学治家，以艰苦奋斗为荣，以奢侈浪费为耻；增强环境意识，学习环保知识，热爱环境、建设环境、美化环境、保护环境，从家庭做起，从身边做起，从小事做起。

2

完善"五好文明家庭"评选方法

创建"五好文明家庭"是为了更好地贯彻党的十七届四中全会精神，切实加强社会主义精神文明建设，弘扬社会主义家庭美德，以家庭文明促进社会的文明与进步，争创和谐社会。

"五好文明家庭"的评选要以家庭为参评主体，采取家庭自评、群众评议、基层推荐、逐级报批的办法。在实际操作中，各地可根据"五好文明家庭"条件以及当地实际、城乡差异等制定相应的标准，把创建文明户、星级文明户等活动与"五好文明家庭"创建活动结合起来。

"五好文明家庭"创建活动是加强家庭美德建设的有效载体，是社会主义精神文明建设的重要组成部分。它对于提高家庭成员思想道德素质和科学文化素质,促进家风、民风、社会风气的健康向上,维护社会的安定、稳定都具有十分重要的意义。"五好文明家庭"评选活动以邓小平理论和"三个代表"重要思想为指导,坚持科学发展观,贯彻落实《中共中央关于构建社会主义和谐社会若干重大问题的决定》的精神。创建"五好文明家庭"的评选办法有以下几点:

1. 严格评选程序

以家庭为参评主体,采取家庭自荐、层层推荐、逐级评比的办法。

2. 科学规划管理

妇联、各有关单位要结合实际制定出本区域、本单位创建活动的意见和规划。要按照区域(单位)总户数80%以上的比例开展创建、30%以上的比例开展评比。要明确目标,落实责任,将"五好文明家庭"评比条件进一步细化,制定出符合本地情况的具体内容。

3. 注重典型宣传

要大力宣传在新形势下开展"五好文明家庭"创建活动的重大意义,宣传"五好文明家庭"评比条件,宣传爱国主义、集体主义、社会主义思想和正确的人生观、价值观、婚恋观、家庭观。要认真总结、推广创建活动的典型,从而进一步扩大"五好文明家庭"创建活动的社会影响。

"五好文明家庭"创建工作的全面推进,需要各级党委、政府的坚强领导和高度重视,需要有关部门的大力支持和积极配合。各单位要找准创建工作与自身工作的结合点,加强沟通协作,充分整合资源,凝聚各方力量,形成党委领导、文明办牵头、妇联主抓、各方协作、齐抓共管的良好环境。五好文明家庭创建活动要注重整合资源。比如把"家庭美德在农家"、"学习型家庭"、"绿色家庭"、"十星级文明户"、"廉洁家庭"、"节约型家庭"、"平安家庭"、"无毒家庭"等各类特色家庭创建活动作为"五好文明家庭"创建活动的有机组成部分和有效抓手,紧密联系,有机整合,不断丰富活动载体,确保取得实效。在内容上要突出社会主义荣辱观。广泛开展"家庭助廉"等形式多样的家庭道德实践活动,努力把社会主义荣辱观的具体要求落实到家庭生活和社会生活的各个方面。在载体上要强调学习型家庭创建活动,广泛动员、引导和支持城乡广大家庭创企业、创事业、创家业,大力倡导家庭学习、共同学习、终身学习,为实现科学发展、转型发展创造良好的文化环境。在特色上要加强新农村"五好文明家庭"创建活动。

3

抓好"五好文明家庭"的命名和表彰工作

"五好文明家庭"创建工作是社会主义精神文明建设的重要载体，以服务党和国家事业发展、服务广大人民群众为根本要求。我们要做好新形势下的"五好文明家庭"创建工作，就必须充分认识面临的形势和任务，准确把握创建工作的主旋律。

我国各级党政机关、人民团体、事业单位，乡(镇)、街道、行政村、居委会，具有经济独立核算、法人资格、能独立开展社会活动的企业，均可开展"五好文明家庭"创建活动，并进行命名表彰。

行政村、居委会和基层单位的"五好文明家庭"，由家庭自评申报，村民(居民)小组评议，村(居)协调小组审批，村(居)党支部、村(居)委会和基层单位党、政组织命名表彰。

乡镇、街道级"五好文明家庭"，由村级协调小组从村级"五好文明家庭"中推荐，报乡镇、街道"五好文明家庭"创建活动协调小组考核审批，由乡镇、街道的党委、政府命名表彰。

县(市、区)级"五好文明家庭"(包括"五好文明家庭"标兵)，由乡镇、街道"五好文明家庭"创建活动协调小组从乡镇、街道级"五好文明家庭"中择优选评推荐，经县"五好文明家庭"创建活动协调小组审核后给予命名表彰或报请县(市、区)党委、政府命名表彰。

地(市)级"五好文明家庭"(包括"五好文明家庭"标兵)，由县(市、区)"五好文明家庭"创建活动协调小组从县级"五好文明家庭"中择优选评推荐,经地(市)"五好文明家庭"创建活动协调小组审核后给予命名表彰或报请地(市)党委、政府命名表彰。

省级(直辖市、军队系统)"五好文明家庭"(包括"五好文明家庭"标兵),由省直、地(市)"五好文明家庭"创建活动协调小组从省直、地(市)级"五好文明家庭"中择优选评推荐,经省"五好文明家庭"创建活动协调小组审核后给予命名表彰。

"五好文明家庭"的命名实行届期制,原则上乡镇、村级每年一届,县以上每两年一届。届期满将进行复查,如有违反"五好文明家庭"条件的情况,可根据情节轻重,给予批评或撤销称号。凡被命名为各级"五好文明家庭"(含标兵)的,均授予"五好文明家庭"或"五好文明家庭"标兵匾牌,并视条件给予物质奖励。各级"五好文明家庭"创建活动协调小组对在"五好文明家庭"创建活动中成绩突出的本级协调小组成员单位、个人或下级"五好文明家庭"创建活动协调小组可给予表彰奖励。

4 做好"五好文明家庭"的日常管理工作

"五好文明家庭"创建活动是指在各级"五好文明家庭"创建活动协调小组统一领导下,以家庭为主体,以倡导尊老爱幼、男女平等、夫妻和睦、勤俭持家、邻里团结的文明家风为主要内容,以提高生活质量、协调家庭关系、丰富文化生活、美化生活环境为重点,以培养"有理想、有道德、有文化、有纪律"的合格公民为目标,动员和组织广大家庭成员共建家庭文明的活动。

"五好文明家庭"创建活动是加强家庭美德建设的有效载体,是社会主义精神文明建设的重要组成部分。它对于贯彻落实党的十四届六中全会《关于加强社会主义精神文明建设若干问题的决议》和党的十五大精神,提高家庭成员思想道德素质和科学文化素质,促进家风、民风、社会风气的健康向上,维护社会的安定、稳定都具有十分重要的意义。

小关街道创建五好文明家庭评选工作方案(2010年)

按照"朝阳区社会领域全国文明城区创建方案"的要求,在创建过程中各街道要结合辖区特点,搞好符合本街道实际的文明家庭、楼院的申报和评选工作,以提高辖区居民对创建文明城区工作的知晓率、参与率和支持率。特制定方案如下:

一、工作任务

为营造社区"人人知晓创建,家家参与创建"的良好氛围、引导、鼓励居民以实际行动养成良好的生活习惯,支持创建工作,提升文明素质,以实现文明创建成果人人享有的最终目的。

采取由家庭自荐、自报,居民自评的方式,组织居民开展自下而上、由小到大的文明评选工作。各街道文明家庭、楼院的申报和评选工作,要做到广泛宣传,街道和社区要动员、号召社区居民广泛参与、人人知晓,要加强创建知识的普及和宣传,要让居民切身感受到通过创建他们能受益,能够进一步提高居住环境的整体水平,从"要我创"变成"我要创"。

二、明确标准

制定、公布符合街道实际的文明家庭、楼门评选的条件和标准,评选相关内容要在适当的位置进行公示,小区中各楼门文明家庭达到80%以上的该楼门成为文明楼门,小区中文明楼门达到80%以上的该小区则评选为文明小区。并在明显的位置进行挂牌,协调有关媒体进行广泛宣传和报道。(一)扩大宣传,倡导社区文明行为。开展"抵制陋习、提升文明"的倡导活动,组建社区文明宣讲队,发挥社区和谐促进员、文明引导员以及小区物业的作用,劝阻社区内不文明行为,提升居民的文明意识、道德观念和文明素养,养成日常行为文明习惯,营造文明和谐的社会风尚。(二)创新形式,鼓励居民主动参与。开展"社区换新颜"

活动,鼓励居民清理自家阳台、楼道,美化周边生活环境,提升社区居民的幸福度,以"星级和谐社区"创建为抓手,丰富楼宇文化,可通过在社区或楼门显著位置张贴文明行为规范,"温馨生活提示"等方法渗透文明创建理念和思想,从而扎实推进文明家庭、文明楼院、文明社区、文明街道的创建活动。

三、活动程序和内容

各社区组织开展自下而上、由小到大的文明评选活动,通过家喻户晓的动员,针对社区不同人群的特点,组织居民从自身做起、从身边做起的特色活动,形成社区是我家,建设靠大家的良好氛围。

申报方式有两种:一是自荐申报;二是社区推荐。通过社区组织、动员社区居民积极参与各类公益活动,比如:参加街道和社区组织的公益活动;清理楼道、阳台的杂物;提倡低碳生活;开展帮扶助老;传播礼仪知识;引导文明行为;文明养犬;文明晨练;劝阻各类不文明行为;提倡从我做起、从小事做起等等文明实践行动,逐步提升市民文明素质。

由街道各社区将居民自荐和社区推荐的家庭,上报街道妇联进行汇总,并定期将文明家庭、楼院的申报评选活动工作进行公示,征求居民意见和建议。

四、工作步骤和要求

5月中旬,街道妇联办公室确定具体工作方案,明确程序,确定文明家庭评选标准.并开展评选的宣传、发动工作,让居民了解如何参与文明家庭、楼院的评选。

6月至12月,各街道充分发挥好已评选出的"五好"文明家庭的作用,并陆续扩大评选范围,开展好鼓励居民自己动手创建文明环境的各类活动,及时向街道报送工作情况。

"五好文明家庭"创建活动应纳入当地精神文明建设总体规划,列入文明城市、文明县城、文明村镇、文明单位、文明学校的评比内容,加强领导,建立各项激励机制,认真研究,搞好规划。各级要成立以党委或政府领导挂帅、由党委宣传部、文明办、妇联等单位组成的"五好文明家庭"创建活动协调小组及其办事机构,具体领导、组织实施"五好文明家庭"创建活动。

各级妇联承担协调小组办公室日常工作。宣传部、文明办、妇联、民政、广电、教委、公安、司法、文化、卫生、计生、体委、环保、部队、党工委、工会、共青团、科协等协调小组成员单位要根据本行业、本单位的特点,确定并履行自己的职责,将创建活动纳入本部门、本行业的工作部署,发挥优势,齐抓共管,形成合力。

各级"五好义明家庭"创建活动协调小组及其办公室负责"五好文明家庭"创建活动的日常管理。要建立定期研究创建活动的工作制度,做好"五好文明家庭"创建活动的组织、协调、监督、指导工作,做好"五好文明家庭"的检查复查、考核评选、推荐表彰等工作。

"五好文明家庭"创建活动采取分级管理的办法。省级"五好文明家庭"可委托所在地、市、县、区"五好文明家庭"创建活动协调小组管理。"五好文明家庭"创建活动的日常管理包括:"五好文明家庭"申报表、主要事迹和考核复查记录;每年创建活动的计划、总结;对不符合"五好文明家庭"条件的,提出处理意见。"五好文明家庭"创建活动经费要列入各级财政预算,切实做到专款专用,同时尽可能地多渠道筹措经费。"五好文明家庭"要自觉接受社会和群众的监督。

附　录

1. 家庭情感测试

请做做下面几道题,看看你们夫妻间的感情是否受子女的影响。

1. 你有多长时间没有俩人独处?

A. 半年

B. 两个月

C. 一周

2. 如果孩子还小,睡觉的时候

A. 你和爱人分开睡

B. 孩子睡在两人中间

C. 孩子睡另外的床

3. 孩子已经大了,每次进你们的房间时

A. 还没与孩子分开房间

B. 不打招呼就进入

C. 敲门后再进入

4. 在配偶与子女间,你觉得自己更关心哪一个?

A. 还是孩子可爱

B. 孩子还小,所以更需要关心

C. 配偶重要

5. 你们出去散步、游玩时

A. 总是领着孩子,无暇顾及对方

B. 领着孩子,但也找个机会说说悄悄话

C. 不领孩子,觉得还是两人在一块较好

6.一些比较亲密的话

A.不当着孩子的面说

B.当着孩子的面但也注意分寸

C.当着孩子的面可以说

7.照顾孩子之余,仍保持着谈恋爱时的种种小情调,如吃过饭放点音乐,散散步或跳跳舞

A.很久没有这样了

B.有时也想这样

C.几乎还和以前一样

8.当爱人与孩子同时争着跟你说话时

A.你总是更注意听孩子的

B.先听内容更重要的一方,然后让另外的一人说

C.当然是先听爱人说

9.出去散步时

A.你牵着孩子的手,让爱人在后面一个人遛

B.你们三个人手牵着手一块走

C.你和爱人拉着手,让孩子自己玩

评分办法:以上各题,选 A 得 1 分,选 B 得 2 分,选 C 得 3 分。自测结果分析:

累计得分在 11 分以下

说明你们的夫妻生活已严重受到子女影响,应该抓紧机会赶快改变

累计得分在 12～18 分

说明你们的夫妻生活比较美满,你拥有一个幸福的家庭

累计得分在 18 分以上

说明你们夫妻关系很好,但需要适当多给孩子一些关心

2.家庭环境测试

看看你给宝宝创造的家庭环境如何！在每个问题下面将符合你家庭情况的答案序号记下来待用。

一、家庭居住

1.孩子有单独的房间

2.在一个房间里给宝宝画出一部分相对独立的空间供宝宝活动、学习

3.大家合用

二、客人来访

1.经常有客人

2.偶尔有客人

3.从来有客人

三、一家人是否共同讨论问题

1.经常讨论

2.有时讨论

3.从来不讨论

四、一家人谈话主题多集中于

1.新闻、时事、政治

2.教育问题

3.家庭琐事

五、一家人节假日喜欢什么样的休闲方式

1.外出旅游或探亲访友

2.在家读书、闲聊或看电视

3.聚餐打牌

六、孩子的房子装修布置以谁的意见为主

1.孩子的意见

2.家长的意见

3.装修人员的意见

七、孩子的课外书有谁来买

1.家长

2.孩子

3.其他人

八、孩子的心事愿意与谁交流

1.同学

2.朋友

3.家长

4.其他人

九、你认为为孩子家庭教育的重点应放在:

1.知识教育

2.品质教育

3.技能教育

十、当家中客人来访时,孩子因为点小事大发脾气,你怎么办

1.说服

2.教育

3.强制管教

4.听之任之

十一、家居附近地区的特点是

1.文化教育或机关部门居多

2.商业区

3.企业居多

十三、家人在一起看电视,因兴趣不同发生频道之争时,怎么办

1.听家长的

2.听孩子的

3.关掉电视

十四、家务劳动主要由谁承担

1. 大家共同分担

2. 家长承担

3. 孩子承担

十五、与邻居的关系

1. 融洽

2. 很少来往

3. 不好

十六、孩子课外书籍的购买周期

1. 每月都有

2. 随机购买

3. 老师要求时购买

4. 从来不买

十七、孩子在家庭中经常表现出的情绪是

1. 高兴

2. 闷闷不乐

3. 发脾气

十八、当孩子的朋友来家里玩时,你的态度是

1. 热情欢迎,并给孩子提供单独交流的机会

2. 热情欢迎,始终监视

3. 拒之门外

十九、你激励孩子采取的方法是

1. 抓住点滴进步积极鼓励

2. 用自己年轻时的行为说明自己比孩子强

3. 拿孩子与他人比

二十、你认为教育理念中最重要的是

1. 孩子需要正确的教育和环境

2. 棍棒底下出孝子

3. 树大自然直

　　说明:请将你所选答案前的序号数(题号即分数)相加,若得数小于或等于 25,说明你的家庭教育环境比较好,适于孩子成长,请继续保持;若得数若得数在 26~40 分之间,说明你的家庭教育环境一般,应进一步改善;若得数若得数在 40 分以上,说明你的家庭教育环境不容乐观,应尽快找出不足,及时改善。

开心时刻

电影广告

乔治·考夫曼（1889—1961年）是美国著名剧作家、导演。有一次，一位电影制片商请乔治·考夫曼改编雅克·德沃尔写的法国笑剧《屋子里的人》。尽管剧本改写得很成功，但因为演员欠佳，加之全城当时在流行感冒，剧场卖座率很低，最后终于停演。

为了争取观众，考夫曼提出了一条广告宣传口号："如果希望避免拥挤，请到尼克博克电影院观看《屋子里的人》。"

点播沉默

乔治·考夫曼晚年身体虚弱，长期卧病不起，靠听收音机解闷。一天晚上，电台的点播节目只放了被点播乐曲中的几小节就停止了。剧作家很恼火。于是拿起身边的电话筒，按照节目主持人报给听众的电话号码，给电台挂了个电话。他说明自己是乔治·考夫曼后，主持人大为高兴，因为有这样的名人在收听自己主持的节目。

"先生，你想点播什么？我会立刻安排的。"

"沉默，我点播的是5分钟的沉默。"考夫曼对主持人和千千万万的听众说。

蜗牛侍者

一天，美国小说家欧文·肖（1913—1984年），走进一家法国餐馆。点过菜后，静静地等了很长的时间，直到十分不耐烦时，餐厅侍者总管才认出了他，挨近作家身边，向他介绍说这家餐馆的蜗牛很不错，要不要来一份。

欧文·肖点了点头说："我早已知道了，瞧，你们让蜗牛都穿上了侍者的衣服。"

弹琴和补靴

库勒克是德国的大钢琴家,有一次被富翁白林克请去吃饭。白林克过去是个鞋匠。进餐完毕,主人要求客人弹支曲子,库勒克只好从命。

不久,音乐家也邀请白林克来吃饭。饭后,他捧出一双旧靴来。富翁感到很奇怪,库勒克说:"上次你请我,是为了听曲子;今天我请你,是为了补靴子。"

作曲家的塑像

西班牙小提琴家和作曲家萨拉萨蒂,听说有几位崇拜他的阔佬要为他立一座塑像。萨拉萨蒂向别人打听:"建这座塑像要花多少钱?"人们告诉他,大约要10000比塞塔。作曲家十分吃惊:"干脆我自己站在基座上好了,只要5000比塞塔就行。"

脱帽和戴帽

一位意大利年轻作曲家,有一次请罗西尼听他演奏新作。罗西尼在听的时候,一连好几次把自己的帽子脱下戴上,戴上又脱下。

年轻作曲家演奏结束后,问他为什么这样脱帽戴帽的。

罗西尼回答说:"我有个习惯,每逢遇到老相识,总要脱帽招呼一下。"